U0129400

日久他鄉叫故鄉

施 正 義 著

文 學 叢 刊

文史哲出版社印行

國家圖書館出版品預行編目資料

日久他鄉叫故鄉 / 施正義著. -- 初版 -- 臺
北市：文史哲,109.12
　　頁；　公分（文學叢刊；430）
　　ISBN 978-986-314-539-4（平裝）

1.言論集

078　　　　　　　　　　　　109021010

文 學 叢 刊　430

日久他鄉叫故鄉

著　　者：施　　　　正　　　　義
出 版 者：文 史 哲 出 版 社
　　　　　http://www.lapen.com.tw
　　　　　e-mail：lapen@ms74.hinet.net
登記證字號：行政院新聞局版臺業字五三三七號
發 行 人：彭　　　　正　　　　雄
發 行 所：文 史 哲 出 版 社
印 刷 者：文 史 哲 出 版 社
　　　　　臺北市羅斯福路一段七十二巷四號
　　　　　郵政劃撥帳號：一六一八○一七五
　　　　　電話886-2-23511028・傳真886-2-23965656

定價新臺幣三八○元

民國一○九年（2020）十二月初版

日久他鄉叫故鄉

目　錄

小宇回家（自序一）

　　小宇隨他母親於過年前回大陸探親，他媽媽是湖北荊門人，爸爸是臺灣人，有事留在臺灣，未跟他們一起走。過年完，武漢新型冠狀肺炎爆發，且蔓延極快，武漢封城，禁止人員出入，荊門市也猖獗起來，才短短幾天，連整個湖北省都被封鎖，交通全面中斷，小宇跟他母親未能及時回臺灣。小宇患有重度血友病，一碰便出血、瘀血，治療這種罕見疾病的藥物，一個月需服四劑，售價台幣 100 多萬，合人民幣約 30 萬元，小宇有臺灣身分證、健保卡，可得到免費治療。

　　2 月 25 日已有一班東方航空公司的飛機，從武漢天河機場專機載回 247 位身陷武漢一帶的臺灣人，但載回來的人並不符合臺灣方面所要求的老弱優先原則，名單不符，而且很快的篩選出一名確診的肺炎病患在內。臺灣因而堅持以後要派臺灣的華航班機，也要派自己的醫護人員，對登機的人一一檢查。臺灣陸委會與大陸對台辦爭執不下，第二批、第三批暫停。

　　小宇跟他母親以（視頻）一再向蔡英文總統求救，說小宇快斷藥了，不趕快回來，就危險了！臺灣陸委會及時把小宇今年二月份的特殊藥物送達，為保險起見，第二次送藥，把用到三月底的藥也送出去了。但此時此事已成眾所注目的棘手問題，如小宇的身分及證件問題，全民健保的適用範圍等項，聚訟紛紜。大陸方面罵臺灣勿（以疫謀獨）！

　　臺灣的陸委會與大陸的國台辦加緊協商，不聲不響的，在靜默中進行，終於在 2 月 24 日半夜，小宇和他的母親馬女士，在奔波 11 個小時後，輾轉自荊門乘專用汽車抵達四川，再從成都機場搭乘長榮航空的飛機，於午夜抵達桃園。眾人鬆了一口氣。

　　伴同他們母子一起回臺灣的，還有一位臺灣特派的，一路照顧小宇的臺灣護理師張莞爾女士。她在那一天上午上班後，接獲命令，隨即回家拿好護照、臺胞證，只打了一通電話告知她的孩子，沒敢告訴父母，一路奔向機場，直飛成都，接到小宇及他的母親後，立即再搭機回台。為顧及隱私，臺灣的媒體都沒登小宇和他父母的姓名和照片，但張莞爾女士則短暫在電視露面，對過程作個簡短說明，眾人對她的美麗大方以及她完成的工作給予掌聲。

2020.02

老家何處（自序二）

　　我於 1992 年就來蘇州投資，先是買下一家村辦化工廠，產品部份運回臺灣自用，部份外銷美國。工廠不大，但因常有大型貨櫃車出入其間，引人注目。生意沒做多久，美國人就說我們"傾銷"，要課征 176% 的高關稅。我曾向當時尚未從政，在政大及東吳教授國際貿易失衡問題的蔡英文博士，也是美國律師的蔡教授討教，她靦腆，待人客氣。其實關稅問題往往是個政治問題。

　　我在蘇州的第一個投資，給我帶來很多的麻煩和辛酸，之前我健康，身體結實，我後悔貿然投資，賠錢、受氣，甚至於折損了健康，經過幾年的煎熬，第二個投資案才讓我在蘇州立定腳步。再隔幾年，我居然就在蘇州，愉快的筆耕起來，不久前，已把部份文稿付梓，書名《長住蘇州三十年》。

　　剛來大陸時，常有人問，請問你老家何處？臺灣。再問一遍，我的答覆仍只是臺灣倆個字。還要問！我回答，我父母、祖父母都是臺灣人。問話的人意思是，我的祖籍，我的老家在哪裡？福建、廣東或其他地方。我不清楚先祖是哪裡人，我家裡也有一厚本宗譜，但我不相信其內容，裡面說的十之八九都是假的，不予採信。

　　莫非你是臺灣原住民？也有人這樣問我。我回答，你說對了！我是布農族臺灣山地人，我先祖（出草）多次，割取過幾個野蠻（漢人）的頭顱，其骷髏現仍藏置於玉山山麓的某一處小窟穴裡，我小時候去過一次。你信不信？

　　1945 年二戰結束，日本人有秩序的撤出臺灣，他們留下可靠的戶籍、地籍資料，當時的臺灣人在 600 萬至 610 萬之間，蔣介石集團自稱帶 80 萬大軍來台，其實軍人約有 40 萬，再加上眷屬及公教人員，還有自行多半來自福建、廣東的商人，總計新來的人大約是 60 萬人，是總數的十一分之一，約 9%。臺灣人口總數現在約 2,300 萬人，新來的人占總數的 13.5%，從 9%增至 13.5%，是因為許多人單身來台後結婚，以父親的籍貫為籍貫。臺灣身分證早已不注記（籍貫），只記（出生地），在臺灣如你自己不說，別人已很難分辨你是本省人或外省人。說（本省、外省）的，常常只是一種選舉時用來爭取選票的手段。

　　以往要以考古學、語言學、人類學來追蹤考核各族裔的起源、遷徙等項，現在更快更準確了，你只要到臺北馬偕醫院總院抽血，便會告訴你身上有多少蒙古人、南島語系族群、突厥人、波斯人乃至歐洲人的 DNA。我很好奇，很想知道，我（主要的）是屬於那個族裔。但我克制著自己的好奇心，不驗，驗出來的結果可能徒增困惑而已，何必驗。

　　說 DNA，不如說（地域觀念）。分臺灣人、大陸人；分本省人外省人；分江南江北或說蘇南蘇北人，現在還有人主張南通、泰州、揚州屬蘇中，既非蘇南，也非蘇北；城裡人城外人；城南城北；甚至還分至街頭、巷尾，皆因地域觀念。

　　我上個月回臺北，正巧有一個十幾二十人的中學同學餐會舉行。初中時一班約有 50 人，自大陸來台的（外省同學）將近 10 位，他們多半是在初二、初三時（轉學）進來的，那 10 位外省同學中，攝影家莊靈以及當過外交部次長的藍同學，他們倆人的（地域觀念）極稀薄，約 40 位本省同學中，林教授以及黃同學等人也沒什麼畛域之分。我自幼就不區分誰是南人、誰是北人。有些同學甚至認定我是（外省人），隨便啦！管別人怎麼想。

　　像蘇州的新區、工業園區，乃至昆山，以及廣東的深圳等地，有大量外地人聚集的城鎮，多半不會（歧視）外地人。如偶而碰到會（排外）的蘇州人，我就回他，說我才是真正的蘇州人，2500 年前，我就住在蘇州鯉魚潭湖畔，是當年孫武的幕僚中之一人，孫武的訓練營現址是長方園。你信還是不信。

2019.12.10

洪仲丘（自序三）

真相逐漸揭露，卻換來更多的淚水、驚惶和無奈。桃園地方法院於 8 月 23 日開（羈押）庭，庭訊 6 小時，副旅長何江忠、連長徐信正、上士范佐憲再次收押，三人上銬，上囚車，送回看守所。

何江忠與妻子攜手，從容自信，聽到羈押，仍直挺不動，是條漢子！何妻當場大哭，但立即克制，目送丈夫離去，一臉灰黯之色。連長落寞，本來就是一位英俊男子，更加惹人注目，他大步離開，家人泫然欲泣。範佐憲早已觸犯眾怒，甚至已被（妖魔化）！但迄今二個月，也找不到他有什麼（大惡）！范聞訊發抖，妻子突然發瘋一般，在雨中狂奔而去，那管紅燈、綠燈，連闖幾條快車道。二個小孩落在後頭，也跟著慌亂快跑。

洪仲丘死不瞑目，怨氣沖天！連玉皇大帝還有閻羅王都已看到聽到，仲丘請息怒，請安歇。聽說他在受虐不支倒地，手腳抽搐時，還在囈語般的大聲幹譙！

洪姊洪慈庸說，她感激桃園法院明察秋毫，所做的收押決定。但也說，她並不喜悅，因為她也看到被告家屬們的眼淚和苦痛。

　　軍方要儘快辦好撫恤，（國賠）也要快。軍中應更加
注重人權，並建立保障制度。國防部、法務部、立法院
都已快速反應！盼傷痛早日撫平。

2013.8.25

1. 你回來啦

　　我于 1992 年下半年來到蘇州投資，工廠設在郊區橫塘鄉。剛開始的時候，我每個月都要來，甚至於一個月來兩次，整天耗在工廠裡，下班後回竹輝飯店休息。除了工廠裡頭的人和幾位原地方幹部，我認識的人很少，半年之後，蘇州市台辦的劉長樂、周永森來工廠看我，很客氣、熱心。此後我們常見面，他說我一從上海入境，他們會立刻獲知。台辦的人一遇到台商、臺胞，他們習於用一句"你回來啦"，跟人打招呼。工廠遭遇的困難很多，化工原料的價格大幅上漲，生意更難做，我自覺身陷險境，苦不堪言。我不認輸，只好陸續加碼增資，也把子女帶來蘇州。

　　什麼"你回來啦"？蘇州不是我的家，我是不得不來！那時華航飛機連續失事，很多人不坐華航班機，我卻堅持買華航的機票，因為我一進華航客艙，那些熟悉的環境，空中小姐，以及臺灣腔國語，都使我有了回家的感覺。有一天傍晚，我已連續發燒幾天，身心俱疲，一落座，耳邊響起蕭福德一首誠懇的，撫慰人心的臺灣歌曲《嘸通傷阮的心》，竟瞬間淚流滿面，不能自己。

　　經過一段時間，逐漸掌握了重點。為了解救第一個投資生意的困境，我做了第二個投資，買了一塊農田，興建一個運動園地，看看能不能相互支援、互為犄角。第一件投資案雖虧損不少錢，但煩惱也逐漸少了一些，第二件逐步上軌道，使我們在蘇州有了安身之地。我兒子與一位蘇州老師結婚。兒子、女兒都在蘇州買住宅，蘇州對我們來說，已有"家"的感覺。當蘇州人說："你回來啦"，我不再冷漠以對。

　　2003年6月我屆滿65歲，搬出我使用了二十多年的臺北市信義路辦公室。之後我長住蘇州，一年不過回臺北二、三次，每次三、四個星期而已。當我回臺北時，換了臺北的親友說："你回來啦"。我說我在蘇州吃得好，睡得沉，活動空間大。說來難以相信，我這麼老了，居然還大量買書，正在蘇州重新建立我個人的圖書室。

　　少年時期我夢想成為一位作家。老年人做年青人的夢？有了許多人生閱歷，不必"為賦新詞強說愁"，經濟上寬裕，不必計較稿費，不必看人臉色，受人影響。寫了文章要發表，就像演藝人員需要舞臺？我不需要發表的園地，在別人看來枯燥、寂寞的狀況下，我竟能自得其樂。慢慢磨，慢慢煉，看看能不能花10年時間，寫出一本好書。在臺北，我只是個普普通通的退休老人，在蘇州，竟讓我重溫起少年時期的夢想，看來第二個家也很不錯。

2006.5.24

2. 移　民

　　漢武帝（劉徹，西元前 140－88 年）軍力強盛，有
衛青、霍去病、李廣等將帥帶兵征戰，屢戰匈奴，不但
收復秦始皇一度拓展的黃河河套地區，且新佔現今的寧
夏省為主的西北地方。

　　漢武帝第一次于西元前 127 年募集十萬貧民到新佔
領區，八年後，又移置貧民七十多萬人，又隔七年，派
遣六十萬戍卒實施軍事屯田，要長期佔有。

　　移民活動持續進行至西漢末年，在一百餘年間，新
居民人數增加，在現今的銀川、固原等城市區，已超過
原住民人數。其情形與今日的拉薩、烏魯木齊相似。

　　從西漢到東漢，情形反過來，由北方的胡人（匈奴、
羌、氐、羯，鮮卑）不斷遷入原漢人地區，漢人則逐漸
南徙。漢靈帝（劉宏，168－189 年）對胡人的一切生活
方式，包括服裝、帳篷、床、椅、飲食、各種樂器、舞
蹈都感興趣，也學習胡語、胡歌。皇帝宣導，達官貴人
競相仿效。這是漢人胡化！

　　到了北魏時期（386－534 年），出了一位可與武則
天相媲美的女政治強人魏氏，她脫穎而出，成了第四代
北魏皇帝拓跋濬的皇后，其後又在拓跋弘及拓跋宏時，
臨朝聽政，決策天下。她身在由鮮卑人組構的王朝中，

下令學習漢人的典章制度，遍設學校，實施官員俸祿制（替代積弊叢生的供給制）、均田制、租調製等。這些都是胡人漢化的過程。

如以移民，以及民族融合來說，魏孝文帝（拓跋宏）在 494 年遷都的決定，是歷史上的一件大事！他把首都從山西大同遷到河南洛陽，他下令文武百官及士兵 20 萬，以及家眷共約 108 萬人遷入洛陽。其後還讓他們改以洛陽為籍貫，死後就地埋葬。

拓跋宏還以漢語作為（正音），鼓勵胡、漢通婚，尊崇孔子，實行禮治。短短 30 年，遷居洛陽的鮮卑人大體上已漢化。北方不再是夷狄之邦，其文化經濟，不輸長江以南。（見樊樹志著《歷史長河》）

多數臺灣人自稱（河南的河洛人），想必也有鮮卑人血統。鮮卑人在不同時代有不同稱謂，如契丹人，女真人，滿族皆是，他們都是構成中華民族的重要成分。北魏拓跋珪、隋朝楊廣、唐朝李世民、遼朝阿保機（耶律氏）、金朝阿骨打（完顏氏）、清朝努爾哈赤不都是出身中國東北地區的鮮卑人廣義的（蒙古人）嗎？據 1990 年全國人口普查資料，滿族有 985 萬人，我猜想實際人數應遠遠多於此數。

戰亂、自然災害、疫病等原因，自東漢末年以後，北方漢人大量南移。中國北方由以鮮卑人為主的各路（胡人）佔據。北魏拓跋珪統一北方，在 386－439 約 150 年間，一共移民約 500 萬人。楊堅（581 年）、楊廣、李淵（618 年）、李世民的隋唐帝國再次把分散的北方統一下來。等到五代時期（907－960）的戰亂之後，漢人已逐步南徙，終填滿了中國東南沿海一帶。大清帝國於1644年入關，在北京統治中國達267年之久，不光是北方，連臺灣也於1683年收入其版圖。我們為什麼還說鮮卑人（基本上是滿族）是北方的少數民族！說他們只會騎馬、射箭、打仗？

　　中國有史以來最大的移民潮就發生在當下。2008年全中國有約一億三千萬的移工在全國各地流動，多半集中在東南沿海的大城市內，其人數是人口的十分之一。但這一撥移民，無關軍隊征戰，非因水災、旱災、蟲災所造成，也與流行惡疾無關，純粹是經濟性的人口移動。這種大規模且已持續近二十年的動遷，造成了什麼樣的大變異？不僅是北方人南移，港澳人士、臺灣同胞、韓國人、日本人、乃至全球各地的人都來了，其文化、經濟、宗教、生活習俗原都大異其趣，突然間彙集一處，中華民族的包容力真如太平洋一般。

2009.1

3. 太湖風景

　　不久前有人問我，你去過太湖西山沒有？我一聽，一時愣住，不知如何回答。我去過東山、西山數十次，豈止西山，整個環太湖周邊地區也都去過。今年春節第二天（2006 年 1 月 29 日）我從蘇州新區，經吳江、震澤、南潯、湖州、長興、宜興、無錫，在陰雨綿綿中開車繞行太湖一圈，計程 340 公里，費時約 5 個小時。其間曾在湖州參拜布金寺的大臥佛，也在湖州市區的西餐廳吃牛肉咖喱飯，吃飯的都是些青年男女，不知道他們在談些什麼事物。突然鄰桌的一個女孩子說：“……權傾朝野……”，她們在談國家大事，歷史人物。說太湖面積的三分之二歸蘇州，但外人一說太湖就提無錫，太湖的精華地帶是在無錫境內，由於那個區域的地形破碎、零亂，造就了它美麗的風景。郭沫若說的“風景絕佳處”指的是黿頭渚的尖端，黿（yuan）頭是烏龜頭。馬山的尖端處是龍頭渚，此外還有叫虎頭、燕尾、田雞、鴨舌等等景點。那裡還有個內湖叫蠡湖，在蠡湖周邊的湖濱飯店及太湖飯店，是真正的一流飯店哪！反過來看，湖州及宜興雖也各佔有很長的一段太湖岸線，但因平緩、無變化，也就乏善可陳了。說到太湖，不止是風景，更重要的是蠶絲，生機旺盛的鄉鎮企業，還有熾盛的文風，輩出的人材。太湖不算特別大,但各個區塊的民風不盡相同,就如其地形、地貌一樣。到了 1990 年代,還成功的引入大批境外公司設廠,產品大量外銷,造成另一番景象。

2006.2

4. 生活圈／十里不同俗

　　有二十年之久，每逢舊曆過年，我們都回台中老家跟父母一起過年。新春初二是臺灣婦女回娘家的大日子，一大群近親聚成一堆，歡笑連連。能喝酒的都開懷暢飲，但從來沒有人在那一天醉過酒。初三要回臺北了，走到大安溪，渡過長橋，便是苗栗地區的丘陵地帶，已進入另一個氣候區，陰雨、濕冷，回到臺北時心情早已黯淡下來，沒精打采的在雨中過完剩下的幾天假期。

　　我開車環繞著太湖兜風，東山、西山去了又去，下雪趕快去，下大雨刮大風也要看，在籠罩著一層神秘，一股難測的迷離之情的秋季月夜也去。在太湖從不曾看過湛藍的天空，永遠的迷茫。有人說那是水氣、霧氣，但在乾冷的冬天，也一樣的山水空濛。太湖不像是一個陽光少女，有如一群掩掩遮遮的害羞婦女。沿吳江南下，轉入浙江湖州，其間名鎮星羅棋佈，最為人熟知的如盛澤、震澤、南潯等。這些絲及絲製品的重鎮，不僅經濟富裕，造就了大批富翁，也因知識密集，文化凝聚，連帶大官輩出，名士如雲。有些名鎮如南潯已沒落，但狹窄、吵雜，看來忙碌不堪的盛澤迄今仍極為重要，從蠶絲到人造絲，眾多大小工廠和店鋪擠滿那塊 2.5 平方公里的寶地。開車進入盛澤的主要街道，就如誤闖大菜市般令人不安，偏偏路上有不少名貴大轎車行馳其間，比蘇州新區和工業園區裡還多得多。原來是天然蠶絲，現在由於科技進步，也能製造更好、更貴的人造絲，連外地工廠也跑到盛澤湊熱鬧。據說，盛澤絲製品的價格，牽動著全球的價格。

　　第一次開車經過那一帶，沒帶地圖，沒人嚮導，隨著主要道路走，走過像菜市場一般的盛澤，走入烏煙瘴氣，到處在燒煤炭的震澤，到了一個地方，路邊樹立著"輯里絲"的廣告，什麼東西？原來輯里絲便是湖絲，已到了當年湖絲的主要集散中心南潯，再沿318國道走一段，便接近湖州市區了，一路寬闊乾淨，這裡屬浙江省，與前面的江蘇省不同。南潯為什麼劃歸浙江，不屬江蘇？這裡並沒有顯著的自然山川分界，如台中、苗栗間的大安溪及丘陵。

　　二千多年前吳王夫差與越王勾踐曾在這裡對峙佈陣。商品經濟會帶來定期及不定期的集市，農民赴集買賣，步行半日即可往返，山區遠些，限一日之內可往返的距離，在河網小船可通行之處，則可更遠一些。總之，在半徑約5至6公里，單程2小時的路程內，構成基層市場的經濟圈，經濟圈形成了生活圈，在一個生活圈內會形成方言，再加上婚姻、宗教等等活動，長年積累的結果，便造成社會和文化上的特色。江蘇與浙江的劃分，主要是由（經濟活動）所造成。如今如快速道路、高速公路大量修建，距離相對縮短，原有的生活圈漸被打破。整個環太湖區，或將形成一個大生活圈。

2006.1

5. 大城市

　　哪個城市最大、最富庶？年年都在比排名，蘇州名
列前茅。可是很少人知道，在明代甚至到清代的乾隆朝，
蘇州曾是全國第一大城市哪！

　　蘇州、湖州、常州、嘉興四個府（府就是現在的地
級市）在南宋時代便是當時政府財政收入的重要城市，
到了明代所占比重愈大。《大明一統志》中記錄了全國二
百六十多個府州的糧稅數字。全國稅糧總額 26,560,220
石。蘇州府是第一名，有 2,502,900 石，占 9.42%，到了
明末，據顧炎武的記載，蘇州所繳糧稅更增至 3,503,980
石，成長率 40%。在那個經濟呆滯的時代，這個 40% 是
個驚人的數字。繳稅第二名的府州是松江府（現在的上
海市），只占總額的 3.61%，第三名的常州府占 2.88%，
第四名的嘉興府占 2.33%。第二名至第四名合計，還不
如第一名之多，可見蘇州府是斷然的第一名。明末清初
的大學者顧炎武是蘇州昆山人，他以地方的觀點，認為
繳稅不公平。但出身湖州的現代學者樊樹志說，這種“重
賦”是與它的經濟實力或者說經濟總量相適應的，並未超
出所能承受的限度，是合理的。（見樊樹志所寫的《江南
市鎮──傳統的變革》，第 101 頁）。這幾個重賦城市的
經濟實力建立在什麼基礎之上？本來就是魚米之鄉，加

上極富生機的鄉鎮企業，以絲綢及棉布暢銷全國及國外。

　　曾多次聽說，上海市是因為 1842 年的南京條約，五口通商，才從原來的小漁村發展成特大城市。其實上海遠在明朝就以它的棉、棉布、棉被、棉衣"衣被天下"，成為僅次於蘇州的第二大富庶城市。當然，上海因成為通商口岸與全球接軌，"加速"了它的發展，以現在的發展態勢，很可能有一天還要勝過東京哪。根據 1895 年的馬關條約，日本船另增沙市、重慶、蘇州、杭州四個通商口岸。但蘇州好像沒如上海般帶來顯著的效果。蘇州市仍是現時日本人最喜歡來的大城市之一。蘇州沒有大型國際海港，也沒有國際機場，這是它的缺點，怕再也成不了第一名。為今之計，宜追求乾淨、舒適，成全中國甚至全世界最適合居家和旅遊的大都會。

2005.12.17

6. 蘇州輕軌

在二十年前，蘇州有二件重大的交通建設，先是拆除了大量的老舊房子，建好貫穿老市區心臟地帶的干將路；再來便是跨越大運河，建好獅山橋，把舊市區延伸到腹地廣大的新區。目前忙碌施工中的東西向一號輕軌，是全市有軌交通道路中的首期工程。

蘇州軌道交通網絡，計 11 條線路，總長 540 公里，包括二條（市區）輕軌、三條（市域）輕軌及六條（市區）電車。總投資額，目前的估算是 1370 億元。是全大陸地級市中開建輕軌的第一個城市。全部蓋好後，也會與上海、杭州、無錫的有軌道路無縫連接。另外，市區內圍的東南西北環汽車公路，以及週邊的繞城公路。還有，運送建築材料的運河水路，使整個大蘇州市成為交通四通八達的長三角重要區塊。

就在距離我住處及辦公室不遠的地方，我可以選擇獅山、塔園、濱河路三個輕軌車站出入。臺灣人習慣走路，15 分鐘內可以到達的地方，就叫"附近"。日本人也習慣走路，他們的"走路"還往往是"半跑"狀態的。蘇州人不願意走路，或許他們認為走路有如做（做牛做馬）！他們要踩腳踏車。現在變富裕了，便爭相買車，所以在經濟困境中，車子的銷量仍在大幅增加。我孫子到金山路的新區實驗初中上學，從家到學校，距離一公里多一點，我認為"走路"最好，但他說全校就是（沒人）走路！不久前我帶他到石路買腳踏車，不料，我們一進門，立刻被一位中年女店員牢牢"逮住"，她說她賣的電瓶車最好，火速把一部電瓶車推到人行道上，叫我孫子上去試騎，他一試騎，我只有乖乖等著付帳了！

　　談過路程的距離，再談"人與人"的距離。我孫子原來讀新區外國語學校，不是"海外班"，是一般大陸人讀的普通班。但一上初中，學校規定臺灣孩子必須讀海外班。於是改讀新區實驗初中。他讀"蘇外"的時候，有幾個"死黨"，但現在都不再往來了。新的死黨是由同校的同學組成，有 7 人，核心的則只有 4 人，其中的一個是女生。我孫子說，有了新的死黨，舊的死黨，即蘇外同學就不便再往來啦。這種說法，讓我大吃一驚，但這是現實！逼得人不得不低頭的社會現實。小圈圈組成中圈圈，再組成大圈圈，如上海幫，如共青幫。無幫無派則前途無"亮"。

2009.2.16

7. 蘇州建築物

　　蘇州在南宋時代便是當時中央政府財稅來源的重要城市，到了明代所占比重愈大。據《大明一統志》中記錄，蘇州所占糧稅數字曾達到全國的 9.42%之巨。蘇州是個工商繁忙的城市，並非只是"耕讀傳家"的安靜地方。

　　在上個世紀的八十年代，在有了合適的政治環境之後，蘇州便急速滋生了密集的鄉鎮企業。到了九十年代，許多境外的台商、日、韓商及歐美商便陸續到來，蘇州頓然成了一個重要的現代工業城市。如果還以為蘇州是個安養晚年或休憩養病的世外桃源，那可是跑錯了地方。其實蘇州已成青、壯人們奮發進取、充滿活力的城市。由貝聿銘大師設計，于 2006 年 10 月落成的蘇州博物館是一處有如宋代山水畫般的庭院式建築，秀氣、美麗，令人愉悅。但做為有代表性的公共建築來說，可惜未俱備時代氣息，反映時、空風貌。

　　十多年來，由於滬寧高速公路開端，接著是蘇嘉杭高速，繞城公路逐漸伸展，並連接了數條區間大路。市內大馬路與高架橋一條又一條。獅山橋、何山橋……即將落成的"蘇通跨江大橋"可是一座真正的雄偉大橋。市區內的輕軌系統已開工，途經蘇州的京滬高速鐵路也開挖了，交通網絡日漸綿密。市內商用及住宅大樓如雨後春筍般的矗立起來。大型工廠內甚至有數萬人同時在生產線上工作。外來人口已達 600 萬人，與設籍人數相近。他們帶來多樣的生活習慣、思考模式。GDP 逐年大增，在富起來的同時，失秩現象也日增。

在上個世紀的前半葉，上海號稱"十里洋場"，曾是亞洲第一大城市，反映當時的政經、社會狀況，留下了外灘的那些可觀建築群。蘇州已到了那個時候，應該建構自己的具有充分時代背景的建築物。那種退隱式或有禪意的蘇州庭院，只能是個點綴。

什麼是蘇州的現世特色？以大量的鋼鐵和其他建材，以電力和晶片，由有創意和勤勞的龐大人力，所構建的各種網路，讓人群、貨物、訊息和金錢得以快速移動。不同背景的人大批聚合。傳統與現代的齟齬。看病的人增加，暗自傷痛的人也真不少。如果這些情況要反映在建築藝術之上，要以什麼手法表現？正想建造新建築物的人宜多用心。

2008.3.21

8. 慈濟來蘇州

　　慈濟於 1999 年捐贈骨髓，讓身患白血病躺在蘇州第一醫院的陳霞起死回生，慈濟姐妹們端莊的身影出現在蘇州市民的眼前。2005 年，慈濟以宣揚親情及孝道的音樂手語劇《親恩浩連天》一劇，再次來到蘇州，那部欲罷不能、連演六場的舞臺劇，讓許多觀眾熱淚盈眶，噓唏終場。陳霞參加了那部手語劇，飾演劇中的新娘一角，慈濟姐妹們非常喜歡她，說她十分健康、美麗、懂事。許多人對那件骨髓移植記憶猶新，那不只是一件醫療手術，也是"行善"的典範。臺灣的證嚴法師說："行善、行孝是人生不能等的兩件事。"

　　蘇州慈濟"2006 年新春感恩祝福茶會"於三月十二日在廣濟路原 21 中學舊址舉行，那地方有一幢顯眼的紅樓。慈濟茶會在廣濟路紅樓舉行，我們夫婦帶了三個孫子參加，孫子們要看《納齊亞》電影，阿媽安排先讓他們參加茶會，再趕電影的黃昏場，不意孩子們在那裡玩得開心，一邊學唱歌一邊學手語，要把愛傳出去，最後集體上臺表演，大聲說出："媽媽我愛你"。電影下個禮拜再看。

　　很高興聽到，慈濟基金會將於近期內得到北京核給的證照。就在蘇州紅樓，他們將建築大陸境內的第一座精舍。聽說證嚴法師喜歡蘇州,蘇州人好像也逐漸接受了她。那一天的茶會,有約 100 位蘇州人,另有一些蘇州小孩熱誠參與。祝福慈濟來到蘇州,共建和諧社會。

2006.3

9. 證婚人

　　1860 年，清咸豐 10 年，太平天國 10 年，李秀成自杭州班師回京（南京），再一次擊潰清廷駐紮重兵的江南大營，滿族欽差大臣和春逃跑，至常州吐血而亡，至此，由滿族自家人主控的軍隊已基本耗盡，換由曾國藩與左宗棠的湘軍，李鴻章的淮軍登上政治舞臺，最後由組訓新軍的袁世凱推翻滿族王朝。太平天國在 10 年間造成一次全國性的人口大遷徙，迄今常州的溧陽，有一個人口約 2000 人的自然村，村民仍講福建閩南話，蘇州新區的曙光村、永和村，座落京杭大運河畔，與寒山寺隔河相望的低窪農地上，也有半數人，在三、五十年前，仍以閩南話相互交談。當我於二十多年前來到此地，那時候仍沒幾個台商。有些當地人在內心裡認了我這個從臺灣來的，講臺灣話的臺灣人，把我當成了一位遠來的表親，至少他們沒把我看做（外人）。我猜想這些講閩南話的江蘇人，是在太平天國期間流落此地的福建部隊後人。

　　臺北也在拓建，但相對逐漸（定型）了，蘇州的變異可就多了，僅以新區而言，先建獅山橋，之後有何山橋、索山橋、寒山橋相繼跨過大運河，與老市區相接。寬闊的道路交織，大樓如雨後春筍，環境的變化，也帶來許多無形的變動，人在其中，看到許多不一樣的事務，於是我重拾少年時期的文學愛好，想記錄下這快速變動中的若干親身經歷。

　　有熟人娶媳，先說借我的車子當禮車，雖車齡已高，但仍完整，車長如舟，大氣依然。接著要請我當證婚人，說我德高望重，好吧，既然沒把我當（外人），且冒充一次（族長）。交給我一個字條，說明新郎新娘的學歷經歷，我捏一張小條子上臺，沒忘記新郎的名字，新娘的姓名則說不上來，只能由她自己報名。誰管他、她在做什麼職業，下面的親友們全部清楚，不必我再說一遍。我說人生苦短？實際上，漫長而常常無趣！往後的生活，必有不如意事，必生波折，要請新郎新娘那時候相互扶持，合力解困。又說新郎健康活力，有鬥志的模樣，這就是上天，也就是父母所給的最好天賦，請好自為之。新郎低聲道謝。日久異鄉成故鄉，異鄉人也成親戚。

2015.2.26

10. 婚　事

　　小王猶豫再三。還以為他們還在淺水區戲水，感覺水流漸急，水量增大，不知道已在河心，想回頭已不容易，不如冒險衝向對岸了。一年前買的 AUDI A4 仍潔亮如新，閒置多年的房子也已整修一新。

　　她帶著 20 萬元錢，和他同到香港一趟，她讓小王花 5 萬塊錢買一隻 ROLEX 手錶，其餘的，都買了她自己想要的東西，包括一隻 LV 包包，新娘在銀行上班，已數年，看來老練，不過，似不得人緣，她不時會流露獨單，甚至有些悲苦的神色。

　　小王盼望我們老夫婦務必到場，喝杯喜酒。我們一到，小王對我妻子大喊一聲（阿媽），引人側目。小王之前曾幾次闖入我小書房，要借本書看，要談些什麼的，我不太理會，他於是跑到家裡，說要吃阿媽燒的咖喱飯。他跟一個跆拳道教頭，常暗中護衛著我家孫子、孫女。

　　馬教那一天帶來一個年輕女孩子，一位正典的美少女，M 小學第一名畢業，因而得以跳過既定的學區，進實驗中學初中，考入同校高中，剛考入南京審計學院，那所學院不算全國性的名校，但必定會培育出不少優秀的審計官員。他、她早就認識，馬教練特地帶她來，好讓同座客人講幾句話，幫他把她追到手。

　　我孫子升高三時轉學，入華東台商子女學校。他到北京，有一個女同學也選擇到北京，進入中國傳媒大學，她不是特別想當記者，像是因他而去的。

　　馬教已成蘇州市有名望的跆拳道教頭，條件甚好，但遲不結婚，他堅持要找到一位他真正喜歡的人，而她也一樣愛他，他才考慮結婚，他有些古板，急煞他的父母親。現今，不論在臺北及蘇州，看情場似紊亂如麻，但也有只喝開水，頂多喝可樂的人。

　　席開 100 桌，賓客不少，但少了一份歡樂的氣氛，席間有背景音樂，一首臺灣名曲《望春風》，另有一首我說不出曲名的西洋好歌，都極悅耳，但流露一股深沉的無奈、無助的悲涼，那類歌曲根本不該在婚宴中播放。

　　不知怎的，小王在臺上拿著麥克風饒舌，看來貌合神離，卻誓言愛她一生。如果調理出一種合宜的狀況，他們也可以相伴一世，盼他們能自己找出一套模式，白首偕老。

2014.10.7

11. 淚　水

　　阿娟很用功，成績出色，初中畢業，以第一名成績考取蘇州頂尖高中，但校長、老師、同學都攔不住，她選擇進入位於昆山的台商子女學校，一帆風順，接著進入了北京大學，大一時的導師也特別呵護她，盼她日後有成。

　　不知怎的，她轉回臺灣，換讀新竹清華大學。她開始顯露不穩狀況，常跑醫院，一畢業就住進醫院，她罹患了一種罕見癌症。

　　她才結婚不久，嫌老公矮，要離婚。夫家的人都同意了，正要簽字放人，但她發現懷孕在身，不走了，生下阿娟。阿娟自幼知道她媽媽不愛她，於是寄情工作，格外用功讀書。

　　有如剛開的花朵，突然墜地，轉眼就化為塵土。阿娟住院也沒多久，就被移到太平間。倆位阿媽坐在餐廳一角喝茶，說的人哀嚎不已，聽的人也淚流滿面。

2019.12.2

12. 陌生人

　　一個溫暖的傍晚，我們夫婦來到久違的永和，想吃一碗思念的牛雜湯，一走出捷運出口，燈火輝煌，漂亮時髦的商店連綿伸延，令人炫目，這是永和嗎？我們有多久沒來了。站在路口東張西望了一會兒，有一位身穿家居服，年近 60 的婦女，她牽著一個四、五歲的男孩，正朝我們站著的地方走來，我趨前問路，不料她竟不言不語，瞪著一雙冷漠眼睛瞧著我們，她還拉了拉那個小男孩的手，示意他不要理睬我們。我一下子被她冷酷嚇傻了！我們夫婦有什麼礙眼的地方嗎？只是老了，但現在臺灣，不處處都是老人嗎。我們像是帶有敵意的陌生人嗎？

　　我們結婚後在永和住過 10 年。永和還是我妻子的老家呢，當年，當立法院還像個行政院底下的（立法局）的時候，臺灣省議會倒是一個反映民意，聚集許多優秀代議士的地方，我妻子的舅舅便是其間活躍的一人，她們曾家，迄今在永和仍擁有一處大寺院，是一個十足的地方世家。怎麼，那一位（大媽），竟把我們當做（外人）了！？幸好，另一位三十多歲，站在我們後面，推著嬰兒車在散步的少婦，她清楚看到、聽到這一切，她急忙趕上前來，親切的問我們要到哪裡，她說她要帶我們去。

2019.12.18

13. 另一位陌生人

　　我們夫妻沿著學府路，北京師範大學女生宿舍圍牆外的那一條樹蔭大道散步，她看到對面有一家小雜貨店，過馬路，去買一件東西，我不想去，坐著長石椅上等她。

　　一位北京老人，看我一個人，一個外地老人獨坐長椅，他小心走過來，跟我同坐一條長椅，他要跟我閒聊，我跟他輕輕，若有若無的點個頭。再一轉頭，我看到我老伴已買好東西，正要過馬路，我立即站起來，去她身邊。那一位老北京，看我突然說走就走，眼睛裡突然有一層陰雲，以為我不跟他講話，我跟他指了指我妻子，我是在等她，她來了。

2019.12.19

　　註：個人印象，北京人喜歡聊天，也不忌諱陌生人，他們一聊起來，
　　　　什麼話都說，不留（個人隱私）。有一次，有一位北京（的哥），
　　　　蘇州人所說的男性計程車司機，載我一個多小時，他跟我清楚
　　　　的講述了 1912 年清朝皇室覆亡後，他們這一大群內環世居居民
　　　　的遭遇。我有如上了一堂精彩的歷史課，受益匪淺。

14. 梨山茶

昨天因事心動，但平復也快。

週六寂靜的上午，獨自在陋室裡品茗。老覺得今年的茶不好，不香也不醇，只因雨水過多，真如他們所說的嗎。

一個大玻璃杯子，數 20 個茶粒，注入滾燙的熱水，翻滾間，葉片徐徐舒展開來。人工採摘的嫩梗長枝，被搓揉成團，當解散開來，帶一心兩葉。葉面鋸齒狀的邊緣，呈赤褐色，偶然也有鮮紅的，是蟲齧痕跡嗎，在 2400 至 2600 公尺的高海拔平臺茶圃裡，有茶蚜出沒其間嗎。旋轉著大杯子，細細察看。

一失神，大杯子推翻，熱茶淋身，胸口濺濕了一大片，幸好穿著厚毛衣，抖掉水珠就好。就在手忙腳亂，以大毛巾清除積水的時候，所有的茶香，瞬間噴放出來，一下子滿室茶香，似被壓抑已久。

2019.12.14

15. 等待ＰＡＲＴＹ

　　寄了兩盒（頭獎）臺灣紅茶給她，她移居上海多年，不耐煩當朝九晚五的上班族，自己開一家賣文化雜碎商品的小店。情況不好，過一天是一天！剛付完房租時，舒一口氣，但新的房租很快繼踵而至。

　　隔了一段時間，問她喜不喜歡飲這種魚池鄉來的比賽茶。最貴的（特級品）很稀罕哦，一年只有四盒，一盒兩罐，一罐兩兩，2x2x4 一共只有 16 兩，等於一台斤，一台兩是 37.5g。18 號、21 號、阿薩姆、在地原生種分開比賽，各精選一斤。21 號是最新培植成功的優良茶種，我寄給她的（頭獎）產品就是 21 號，這種紅茶，比正牌的大禹嶺（梨山）茶還貴，如果二選一，我寧選紅茶。魚池鄉附近設有一所歷史悠長但仍有熱情工作的茶業專家駐所。

　　她說，還沒喝呢，等待一個明亮的黃昏，等她約好幾個至交好友，等人到齊，她才要大家圍爐而坐，燒水，煮一壺紅茶，開個紅茶 Party，談內心話。等呀等！那種茶，新茶清香，久了，另有一股深沉的韻味，放個 10 年都不會壞。倒是人比茶老得快哦。

2019.12.16

16. 遛　馬

　　來了一個陌生小男孩，那兩個住在對面香燭雜貨店裡的一對小兄弟，看他不順眼。溜冰場裡另有一個高個子，大他四、五歲的女孩，她是這裡的常客，住在另一邊的大廈裡。新來的小男孩突然叫她姊姊，她瞧瞧，哪兒冒出這麼一個弟弟？小男孩繞來繞去，又叫了幾次姊姊，她再瞧瞧，認了他，也回叫了他弟弟。那一對兄弟下決心排擠出這一個陌生的（侵入者），於是姊姊優雅在他身邊滑行，若無其事的攔阻了他們對他的敵意行動。

2020.2

17. 輪鞋男孩

　　帶個三、四歲的小男孩到附近小公園玩，他穿上一雙直排輪鞋，顯得奇大！護膝、手套、安全帽一應俱全。公園裡有一個圓型的磨石子滑冰場，旁邊還有一個滑溜梯。有一位年輕的媽媽也帶她小女兒來玩，他把她當玩伴，卻要處處佔先。看他穿著大輪鞋，老是搶在她前頭，一格一格的，慢慢爬鐵梯，活像在月球上舉步，她媽媽對他輕哼一聲：（你好酷呀）！小男孩當做沒聽見。

2020.2

18. 交換禮物

　　我家小男孩提早一年進了蘇外小學，好像弄錯了，他沒被編入給日本、韓國、臺灣等境外人士讀的 A 班，他進了 B 班，這沒關係，但後來聽說，B 班裡有幾個十分頑皮的小孩，我家小孫子因不會講蘇州話，好像成為他們侮弄的對象。小孫子自己從來不曾提過被人欺負的事。

　　白髮爺爺閑來無事，晨昏接送小孩上下學。有一段期間，小孩常常早上帶個新買的小玩具上學，但傍晚卻換回一個破舊的小玩意兒，同學間在玩（交換禮物）的遊戲嗎？我不在意，沒說話。但我記憶起來，在台中上幼稚園的時候，那是七、八十年前的事了，我進的是一個基本上給日本小孩讀的學校。那時候還講究了，帶一個藤條編制的長方型小盒子，裡面放些糕點水果之類的東西，好像要去郊遊，帶到幼稚園裡吃。碰到強橫的日本小孩，硬要（交換）我喜歡的東西，我氣得不得了，鬧成僵局，我再不想到學校去了。我不如我孫子。

　　之後小孫子開始勤練跆拳道，很快成了高手，又以個頭突然高大起來，先前戲弄他的幾個孩子，反過來，要拱他當（老大），但我孫子不玩那種（遊戲）。

　　多年之後，我又見到小男孩讀一年級時的陳燕老師，她殷殷詢問，我那孫子現在哪裡，情況怎樣，她說，他曾幾次一個人跟幾個人打架，好勇敢。我聽了，說不出話，小孩回家後從來沒說過他跟別人打架的事情。我回憶起來，我在讀台中一中初中時，像是一個很難搞的（問題學生），甚至於還有事上了報紙，但我父母親完全不知道。

　　我又想，什麼（外交是戰爭的延長）、（朝貢貿易）等等有學問的人常長篇累牘討論的問題，其實，一個小孩子，在身臨其境的時候，憑本能，自然就懂，沒什麼奧妙可言。

2020.2

19. 一個三塊／三個十塊

　　1989 年我們夫婦第一次到大陸，參加旅遊團，到 8 個重要城市觀光。我們在臺灣習慣每天吃許多水果，但當時大陸沒什麼水果。好不容易在北京十三陵看到了一排水果攤，叫賣像壘球大小的大水梨，一群臺灣遊客爭先恐後。攤販們大聲吆喝："一個三塊，三個十塊"。奇怪，怎麼買越多越貴，"四個十塊"才合理呀！時隔十五年，現在是 2005 年年底，在大陸蘇州，請你到住家附近的大賣場走一圈，300 克的奶粉一包（當做是）15 元，一公斤裝的奶粉該售多少錢？15 元除以 300 克乘 1000 克=50 元，根據一般的經驗，買得越多應該越便宜，一公斤的要低於 50 元才合理，但事實上是 53 元。買袋裝糖果也一樣，買乾電池也一樣，買越多越貴，精確的說，大包裝的比小包裝的貴。法國系統的嘉家店如此，台資系統的百家店也一樣，由於他們是全國性的連鎖店，我推論全中國都一樣。根據什麼邏輯，什麼理論基礎造成這種違反"常識"的行為？我勉強找出一個理由：大包裝貨是有錢人買的，貴一點！如果真是這樣，倒有些像政府的課稅行為，"量能課稅"也！然而，不管是嘉家店或百家店，都是民營企業呀！開百家店的台商入境隨俗，早已學會這套區分"富人、窮人"的辦法。我不喜歡區分誰是誰，不喜歡赫胥黎的社會進化論。理性一點，大包裝的應比小包裝的便宜。

好的大閘蟹非常好吃，上一個季節我大約吃了 70 隻，今年少了，少很多。秋風起兮，黃菊開了，持螯賞月，九月吃圓的，十月吃尖的，配上紹興黃酒，沾上某一位美麗的半老徐娘親手調製的薑末白醋，誠人生一大樂事！這是臺灣的雜誌及報紙副刊上一年一登的應景文章，不必當真。在蘇州吃蘇州蟹（日本人稱之為上海蟹），不論產自陽澄湖或太湖都要到十一月才成熟、好吃。等到接近十二月，母蟹的蟹黃已硬起來，結成塊狀，只是香，但不鮮美，就如我們在臺灣吃的紅蟳一樣。至於公蟹，一直到第二年的春節，甚至於元宵節，都很豐腴可口。買來一群張牙舞爪的新鮮螃蟹，燒一鍋滾水，水要多，需能淹沒整隻螃蟹。讓螃蟹先從背面入水，再從腹部入水，它一掙扎，蟹爪多半斷掉。視個頭大小，在滾水中煮上 15~18 分鐘。可蒸的、烤的，尤其是炒的，我一定不吃。有人要用啤酒代替生水，加料酒、加什麼辛香植物，那也是鬧著玩的，我建議加一點鹽巴，別的都不要。不要沾醋、不要薑末、薑茶。如果想喝一點，52 度的五糧液最好。美味如大閘蟹，什麼佐料、什麼烹飪技術，能讓它增加分數？儘量保持原味，避免失分才是重點。吃螃蟹時，不要因為貴，因為好吃，把它吃得一乾二淨，肺片不能吃，內臟不吃，貝殼裡的黃汁不要喝。至於蟹腳，連貓、狗也嫌棄

養殖螃蟹是技術密集的產業。成本也高，風險也大，

再加競爭激烈，那些相關業者都很機靈，機靈與狡獪只是一線之隔，買螃蟹時容易上當！我愛親自到螃蟹市場買螃蟹，自然就會遇有諸多令人不愉快的經驗。蟹農們常強調他們的螃蟹"青背、白腹、金爪、黃毛"，不幸事與願違，即或是正宗的陽澄湖蟹也往往不夠白，不夠光潔，於是要它們一再的洗澡，洗澡水裡有時還添加洗澡粉之類的東西，於是有人戲稱之為"洗澡蟹"。螃蟹出水後通常能存活二個禮拜，洗澡會縮短它們的存活期。來個五花大綁，放入冰箱，則使螃蟹進入半冬眠狀態，延長其存活期。大家都知道電子產品的商品週期很短，很難經營。螃蟹的商品壽命更短，難怪蟹農、蟹商要花樣百出。

20. 老 兵

　　她老家滕州，地處山東西南部，距孔夫子本家曲阜不過60公里，繼續南下，便是棗莊、台兒莊，不知不覺間過了省界，抵達徐州，那區域是古來兵家必爭之地，常兵火連天，因撚軍出沒，單騎深入的滿清最後一位有戰力的將帥僧格林沁，便命喪該地，被一群饑餓的流民亂刀刺死，一身華貴的戰袍、金銀盔甲、馬靴乃至身上的白玉、翡翠、珊瑚全被剝得精光；又如1938年，駐紮北方的日本軍隊南下，一時勢如破竹，不料卻被李宗仁率領的廣西壯族慓悍士兵群攔住，被狠打了一頓；至於國共內戰的徐蚌會戰或稱之為淮海戰役的那一場決定性大戰，迄今仍有人刻骨銘心，欲哭無淚。

　　她說她老家也屬於孔夫子的勢力範圍，孔府、孔廟、孔林……，她娓娓道來，比上10堂權威老教授的課，更能鮮活的瞭解至聖先師孔子的種種，在外地的男子不願在過年的時候回家，因為一路有磕不完的頭，男尊女卑，女孩子做得要死，沒繼承權，也不得入葬孔林，還被罵（唯女子與小人難養也）。孔丘大人定下的規矩，迄今仍是當地的太上法律，比如女生沒繼承權。她上次回家，正逢櫻桃盛產，她想帶二盒回到現居地，但她媽媽要她先給錢，因為那是她家男生們的財產，女生須幫忙種櫻桃，但不准偷吃偷走，那種名為青島櫻桃的農產品，一盒能賣人民幣三百元。她說，在他老家，有時孔子比毛澤東大！

她說她祖父打過日本鬼子，屬於（離休人員），他過世時，一切喪事及費用都由當地鄉政府負責。因為要火葬，僅送來一副薄棺，小了一點兒，又以她祖父瘸腿，竟裝不下，此時她弟弟，讀徐州師範大學名校的那個弟弟，一馬躍出，口喊（我來，我來）！她嚇了一跳，因為她隨即聽到（喀）的一聲，她弟弟把她祖父的彎曲的腿骨折斷了！當天夜裡，她一直睡不著覺，耳朵裡盡是喀、喀的聲響。

蘇州迄今仍有二、三百位離休軍人，他們多是當年20歲上下的小夥子，多半當炊事、衛生、傳遞兵等，現月領一萬五千元現金，醫療費用全免。臺灣正為軍人退休金制度改革鬧得人心不安，抱歉，料想不久之後，大陸也可能有這一類問題發生。

2018.3.31

21. 外鄉投資

看到蘇州巨大的經濟成就，外省的招商人員紛至遝來，盼望落腳在蘇州的台商及本土商家，也到他們那裡投資。蘇州的領導們看在眼中，不便公開反對，但心中焦慮，怕商家移出。有一位蘇州領導，告訴我一件外鄉投資的故事。

有一天，有一位北京的富商，把他兒子帶到山西投資，年青人剛留學回來，幾經考慮，不作官，不到學校教書，選擇經商創業。聽聞山西省有一處石礦場，能輕易挖出美麗的大理石，其品質與遠自義大利進口的石材相當。估算全部成本，認為必能賺大錢，於是他拿到他老爸給的 500 萬元，到山西投資石礦場生意了。窮鄉僻壤住不慣，但發放工資的時候得自己帶著錢來，於是當地派出所所長來了，他說你這樣做，非常危險！還掏出手槍，在太陽穴上比劃了一下。所長讓他租下一處別墅，那裡安全。他說我一個月才來幾天，住賓館就好，何必租一座別墅閒置。他終究拗不過這個強悍警官，於是當天就住進了一棟鄉村別墅，晚飯過後，所長帶來一位"嬌豔"女人，說可以陪他談話、下棋，解除寂寞。

所長坐一下子就走了。她挑逗，這位年青企業家心猿意馬起來，攪？不攪？坐立不安，最後還是攪了！第二天早上，這位北京青年險遭圍毆，說他（強姦）了他們一個同事的老婆？最後他賠償 10 萬元了結！第二個月，所長帶來另一位女的陪他，暗示這個女的是可以"攬"的，可以放心玩，但他無論如何不敢要，緊閉臥房的門。連她要送杯茶水，他也堅持不要！挨到天亮，他舒了一口氣。不料，所長再次上門，說有一個這麼漂亮的女人陪你，居然不領情，責問他："是不是有毛病？"

　　終於有石材可以運出工廠了，但卡車一上路，一個村子一個村子的被攔下來，要他支付"買路錢"。等到運到北京，其成本已高過義大利進口貨的售價。500 萬元泡湯，但買下一段驚異的"閱歷"。

2007.11.2

22. 小船、大船

　　以前在臺灣常說：〞跑得了和尚跑不了廟〞，想想這句話對和尚不敬，現在我不敢說了。在蘇州，有一句類似的話，說：〞跑得了小船，跑不了大船〞。蘇州是大陸的台商重要的聚集區之一，大蘇州市內的昆山、新區、工業園區、吳江等地都有大批台商，有些還是超大型的。然而以我最熟悉的新區來說，已有近半數經營不善，去年還有幾家倒閉。工廠停工，可能有銀行債務及各種欠款未清，員工也未依法資遣。如果老闆逃走，無人負責清理棘手的各種問題，怎辦？於是相關的政府部門、銀行、原材料供應商都提高警覺，設法掌握各種狀況。如果是一個小工廠或一家小飲食店，老闆可能在某一天的下班之後，一去不回，找不到人，有如一條半夜逃逸的小船。如果是個大工廠，就如同一條大船，可不是說走就走的了。（注：2008 年有世界性金融災難）

2008.1.28

23. 四庫全書

1773 年，清乾隆 38 年開始纂修《四庫全書》，經 10 年編成，紀昀主編。愛新覺羅・弘曆自鳴得意，認為他編集這部大叢書，是一件重大文功，實際上他在摧毀文化，他令紀昀等人在編輯過程中，對全國各地徵集而來的著作，凡不利於清朝封建統治的，禁毀或纂改。全書以毛筆書寫，僅得七部，已毀損三部，尚存的四部中有一部藏置臺北。紀昀是一位才子，但閒時，也撰寫了一本狐仙的故事集《閱微草堂筆記》。

反觀十八世紀的歐洲是啟蒙的世紀，是政治經濟與科學實驗的世紀，產生了莫札特等大音樂家，進入洛可哥建築時代，傢俱與景觀設計師、雕刻師、文學與戲劇家，還有畫家人才輩出。亞當斯密斯的巨著《國富論》於 1776 年堂堂問世。大思想家馬爾薩斯的《人口學原理》於 1798 年初版，他縱談整個人類歷史。1776-1783 美國人為掙脫英國人的統治而有獨立戰爭，始於解決財務危機的 1789 年法國大革命以及盧梭的社會契約論，帶領人類邁向"平等"，也啟發了寬容、自由、人權，有人尊崇他是十八世紀最偉大的人，他的影響力迄今未退。

乾隆皇帝幹到 1796 年，實際上還當了多年幕後的太上皇，可是，僅隔 40 年，也就在道光 21 年西元 1841

年他的孫子忍辱與英國人簽下《南京條約》，而後國勢日
微，終於 1911 年覆亡。當弘曆叫紀昀等人編纂那一部無
用，其實是有害的《四庫全書》之際，也就是他們皇家
一族開始沒落之時。

2019.12.31

24. 一塊石頭

●一天 50 元，代養一樣小物件。

　不吃不喝不哭不鬧，

　乾淨、可愛，放在你口袋裡，要不要？

○啊？什麼東西？這是謎語嗎？

●很溫潤，養得好，就更滑潤。

　你好，他也好。

○猜不出，你自己不是養得好好的。

●得讓別人代養一陣子。

○是那樣才養得好嗎？是的話就可以代養喔。

○……原來是這個呀，……是玉嗎？

●得貼身放著。新疆和田來的。

○哦。

●別摔壞啦。

●昨晚睡覺好嗎？

○我一整夜都帶著。

●沒壓壞吧。

○你什麼時候領回去？

●不急吧。

2012.8

25. 一隻吉他

一隻被人撥弄的吉他，
時而興高采烈，
有時嗚咽啜泣。

原是一隻安靜吉他，
只因有人撫玩，
已成憂悒吉他。

時而嘮叨，時而沉默，
偶而混身顫慄，
竟如一叢秋風中的芒花。

行人已去，
遺忘了，
那一隻撥弄過的吉他。

2007.1.15

26. 江蕙唱歌

　　江蕙 1961 年生於嘉義，9 歲開始走唱，於臺北及北投溫泉區的酒宴席間流轉，唱歌討取酒客賞金。20 歲時出第一張黑膠唱片，迄今已發行專輯 48 張。台語歌曲多半帶股個辛酸的江湖風塵味，但由江蕙唱來，韻味悠揚，到傷心處，入木三分。三年前多明哥在臺北開獨唱會，要找一位女歌手與他合唱一曲臺灣歌，承辦單位準備了許多臺灣女歌手的資料，包括錄音帶，請多明哥自行選擇，他一下子就看中她。江蕙上場，儀態萬千，全場屏息以待。江蕙一出聲，略顯高亢，多明哥側頭一瞥，振奮起來，二人搭配無間的唱出令人心碎的〈雨夜花〉。多明哥當時〈看望〉她的神態也連同樂曲，令人回味。

　　江蕙的《酒後的心聲》專輯賣了三百多萬張。歌曲〈家後〉在 KTV 被點唱超過五百萬次。〈家後〉一曲風行起來後，許多男人辭掉不必要的應酬，回家與妻子一起吃晚飯。另有一首江蕙本人作譜作詞的暢銷歌叫〈甲你攬牢牢〉（意即牢牢抱著你），現在成了一句臺灣流行語。江蕙一直有新曲可唱。老歌也可新唱，找五月天、S.H.E 等合唱團的優秀青年合作表演，歷久彌新。她在獲得四屆歌后後，決定不再參加金曲獎比賽，以免堵住別人的機會。男歌手洪榮宏是她的初戀情人，他一度消沉不起，而她一直善待舊愛，給他正面的肯定和鼓勵。
臺灣的著名歷史小說家高陽生前曾說，江蕙是臺灣第一
美人！

　　2008 年她首次開演唱會，欲罷不能，竟連開六個場
次。今年則增加到八場。入場票限時開賣，一轉頭便賣
光。她的歌跨越年齡、性別、職業、族群。孝順的子女
扶攜父母入場。江蕙今年 49 歲，以她的潔身自愛、敬業。
盼她再唱 20 年。

2010.9.28

27. 烏魯木齊

　　那段期間，工廠正在忙碌修建工事，費用大，而成敗未卜！我讓年青人做事，避免干預。表面上我力持鎮靜，實則內心不安，以至幾乎每天下午都要去做一次按摩，疏解壓力。按摩時我不太講話，偶而三言二語，但似乎能讓那些外地來的打工女孩感到親切，會流露愉悅表情。又以我習慣支付小費，我成了受歡迎的客人。

　　那一天，客人很多，輪到一位我不認識的師傅，但她好像知道我是誰，嫣然一笑，低聲說：“今天輪到我了。”她已年近三十，已無20歲女孩子般的活力，但卻難得帶有一股成熟的優雅。她沒力氣，但用心、周到。她說她從新疆來，父母都是漢人，在那裡找不到工作，已在上海、蘇州一帶打工多年。隔了一會兒，她問我，你今天不急吧？我點點頭。她動作愈輕柔、單調、重複，不像在做按摩，而是要哄我入睡。我真睡著了。

　　“幾點了？”我醒了。

　　“五點多一點。”

　　“我今晚要到大酒店吃飯。”我看著她說。

　　“市長請我吃晚飯。”又說。

　　“我帶你一起去吧。”我這一說，她略顯蒼白的面頰，頓時湧現出了嬌羞不勝的紅顏。她送我到店門口，那時候，紅色的夕陽正照到她的面龐，我被她的美麗與迷人嚇了一跳。

　　第二天我回臺北，半個月後又來到蘇州。她們店裡的人說她在半個月前回新疆去了，好像生了一場急病，趕緊湊錢買了一張單程機票，搭飛機飛烏魯木齊去了。

2007.4.8

28. 逃入深山

　　貴州旅遊的第三天，已看了不少瀑布，也走了不少山路，晚飯後我們一家人走進一家大型按摩店。技師們笑嘻嘻的，她們是布依族的年輕女郎，她們好奇的，逐一打量我們每一位家族成員的面貌，

　　是女兒，還是媳婦？

　　誰像誰，誰是誰？

　　我二姊出生後不久，管節育的官員來找我爸爸，凶巴巴的，逼我爸爸要罰 500 元！（那時候 500 元很大！）

　　父親無奈，帶著一家四口，逃避人跡不至的深山裡了。那時候，他們把我們家的東西都搬光。有人連房子都被拆掉，甚至於，拆下來的磚頭也敲成碎塊。

　　許多年後，風聲平息，我父母帶著一群孩子回老家，孩子更多了，一共七個，5 個女兒，2 個男孩。她平靜的說，那時候她 5 歲，講的是十多年前的切身經歷，但她好像只在傳述，唐玄宗李隆基在天寶年間發生過的一段故事。她們健康、聰明，模樣可愛。

2017.1.16

29. 山裡的孩子

　　瀑布轟隆，滔天咆哮，怒水還捲起層層雲霧。但一走遠，她怒氣漸息，流入寬闊水灘，在星羅棋佈，長滿蘚苔的礁石間流動，安靜下來了。水聲或潺潺或淙淙，如遇狹窄通路，高低不平，又激起水沫、嘈雜一番。她可不是一個隻會脈脈含情的害羞少女。

　　迤邐流入一大片地勢低窪的濃密樹林，幽暗、潮濕，細雨灑滴，卻是一處散步的好地方。一個面目清秀的男孩，蹲在溪畔，他不說話，只是逐一注視過往的遊人，他守著一籃子乾淨的煮熟雞蛋，等待客人。

　　她帶著一籃子翠綠的新鮮棗子。一斤十五元，低聲問人要不要。她挑的地點真好，她的籃子正好合身的塞進、塞滿2塊石礁的中間，清澈的流水，不止歇的，翻滾沖洗她那半籃子的甜棗，益顯其秀色可餐。可以先買一個，吃吃看，甜不甜嗎？送你一粒好了，包甜的！帶著幾分嫵媚。她說是今晨，爬了二個鐘頭的山，剛採摘下來的野菓子。她身形矯健，一定能爬山，但不像剛剛爬過大山。她的水果，也不像是歷經風霜，蟲咬、鳥啄過的山上野生水果，或許，她家的果園就在不遠處，或者是她批買來的。她不過想出售幾粒棗子給你。或許她只是個寒假打工的女學生，說不定她讀貴州大學呢。

2017.1.30　農曆大年初二

30. 誤點的飛機

　　山外有山，層層相疊，一座高過一座，橫掛天際的大橋，跨越山峰間的峽谷，相互銜接。公路不見了，原來隱入隧道涵洞裡，行行復行行，汽車終於走出雲貴高原的東側，蜿蜒下降進入廣西境內，斷崖造成瀑布、急水沖刷留下溶洞。其實真正動人的，該是人力造就的現代建築，網狀的高架公路、寬闊的隧洞。貴州像是個長途飆車的好地方，但自駕遊的遊客不多，他們跑到雲南或別處去了。以我自身的旅遊經歷，雲南的麗江玉龍雪山最是迷人，敦煌的多民族多文化遺跡則叫人心緒震動。

　　要離開貴陽了，1 月 3 日中午，天光不明，是個陰天，到達機場後，如常領取機票，托運行李，預定 14 點 30 分登機，有充裕時間，先吃一碗像是雲南米粉的麵條。時間差不多了，機場廣播說，此時的氣候條件不適合飛機起降，您所乘的飛機不能準時起飛！接著，她的聲音轉為急促，許多班機都延誤了，反正，習慣了，別說在貴陽，就連上海浦東大機場，能準時起飛的少之又少，問題只在延誤多久，延誤一小時、二小時，處之泰然就好，對了，年底前中央相關部門剛公佈了一項新規定，自 2017 年元旦開始，飛班誤點，不給誤餐券，如停飛，不安排住宿，一切請旅客自理？為什麼，公平嗎？

誰下的命令？官官相護，眼睛裡已無公眾的利益了嗎？

　　大面積停飛，問題像是出在北方的濃厚霧霾，但我們是要飛上海虹橋。廣播一再的說，此時此地的氣候未達飛機起落標準，但我們明明親見跑道上已有飛機降落，也起飛。經過三、四個鐘頭，終於有了明顯的疏解狀況，不少飛機飛走了，機場廣播，叫我們移到另一層樓的另一登機出口，我們慶倖，雖然已耽誤了好幾個鐘頭，今晚仍可以回到家裡洗澡、安睡。又隔一會兒，竟宣佈我們的班機取消了！為什麼？別的飛上海的飛機都走了，徐州的也飛了，為什麼獨留我們的？乘客群情激烈，大家東問西問，終於真相被掀開，預定載我們的那一班飛機，從別處飛來貴陽附近時，正值氣像不佳，於是轉飛廣西南寧，但乘客（霸機），不肯下機，於是只好再飛，回到貴陽，但經過這一番折騰，機長堅決要休息，今天不飛了！或許他是對的！不可疲勞駕車，更不可載200 個人在空中冒險！平生第一回，我遇到航班突被取消的事故，幸好吉祥航空公司勉為其難，替我們安排好住宿問題，免讓我們在寒冷的機場內滯留長夜。

2017.1.20

31. 看病／過年

　　她說膽囊發炎，痛得彎下身來，右腰酸麻。醫生說如再發作，便須手術割除。姊姊帶我看病，她說也會幫我繳錢。

　　快過年啦，當然要回家。去年我給我媽一萬七千塊錢，今年沒掙下多少錢，怎辦？奶奶的錢一定要給，我小時候是她帶大的。老家有幾個小孩，不是一人五十塊，一個人得給幾百元錢。

　　在量販店大停車場，見她一件歐式大衣，耀眼雙排扣。看她緩緩走近前來，呦，挺的嘞！大面罩，少許覆額柔細頭髮，只見一雙黑亮嫵媚的大眼睛。再次看到她，從頭到腳，一身包裹嚴密，一股長途跋涉的風塵味道，但依然閃亮的眼睛竟略有一股伺機而動的獵戶神色。車才剛下，無聲無息，已現身窗前。

　　她說那醫生有如拿刀子殺她，搶她的錢！真開刀了？沒有，只用一根長長的管子，伸進我身體裡面，說是割除掉一粒小腫瘤。希望真的醫好啦！她說他要了我七千多元。

　　不是叫你到大醫院的嗎？是我姊帶我去的！她改口，叫我自己付錢，提我摺子裡的錢。醫院不給錢不讓走，沒給錢那能回家。我姊還說我這個，說我那個，誰

愛生病呀！我以前就跟她吵過一架。你自己有錢，何必
向你姊借？我生病用了許多錢，正好向她借錢呀！她以
前有事也跟我借過呀。

　　看你凶巴巴的模樣，想必真醫好病了。乾脆提前回
家過年。我身上的錢不夠多！少用點。

2013.1.6.

32. 蘋果／過年

○昨天我買了幾粒獼猴桃，還想買蘋果，沒買。

○那二個大蘋果，我先挑那個小的，切開來，也分
　別人吃，又香又甜又脆，沒吃過那麼好的蘋果！
　別人都羨慕我。

○你那裡買的？大賣場裡有很多蘋果，瞧了半天，
　就沒一個像你一樣的，不喜歡，沒蘋果可買。

●還有一個，什麼時候吃？

○先放著，先聞兩天。我們一人一半好不好？

○我看到小張也有紅蘋果，一樣的。

●我買了好幾十個呢！

○蘋果也有平安的意思吧！

●祝你健康、快樂，過年好。

2013.2　春節

33. 奶粉／過年

●想送你小女兒一個紅包。

○哦？

●請她把權利讓給我。

○什麼權利？

●吸奶。

○呵呵。

　我老了，得靠我女兒養我。

○多厚的紅包？

●你說呢。

○一個月要幾千塊奶粉錢呢。

2013.2

34. 年貨／過年

○啊，都是新鈔！

　明天我去買年貨，你贊助的。

●什麼年貨？

○過年要買些吃的、穿的，不好不買。

●怎不回家？

○想回家，路太遠。

　留在這裡多掙點錢。

●多遠？

○我一看到火車就怕。……買臥鋪好些，四百九十
　元，到了成都轉公車，到了宜賓縣城，再搭公車。
　第一天早早出門，第三天天黑前到家。

●有人搭飛機？

○飛機直飛宜賓，從無錫、上海都可以。一千八百
　多元，貴的近三千元，有時候也打折，這時候沒
　便宜機票。

●就在成都工作好了。

○做過，一個月只能拿二、三千元。

　離家近，我一想家，就回去，老回家存不下錢。

●你要寄錢回家。

○小孩一歲，婆婆帶，要寄些錢。

●老公呢？

○在老家，賣些裝潢建材，不賺錢。

●只剩幾個技師在店裡，很忙吧。

○一天做七、八個，一天賺倆百元，但才二、三天
　已累得腰酸背痛。

●那裡痛，我幫你按按。

○你不會。

●我會，試試看。

○啊，好癢，別來，流氓。

　你說過，過年無事，天天來？

●嗯。

○明天來嗎？

2013.2.6

35. 團圓／過年

　　傳說，過年是一家人全家聚集，團圓圍爐，樂呵呵的歡樂時節，只是，往往事與願違。

　　志翔半個月前便從法蘭克福趕回來，飛抵上海，不回徐州老家，見他的父親，卻跑到蘇州，那裡有一幢平日無人居住的房子，是他阿姨的房子，裡頭有一間他的房間。隔二天，阿惠便從武漢趕至，倆人如漆似膠的過日子。去年暑假，志翔到武漢找同學玩，認識了阿惠。二人相見如故。經過幾個月的遠地分隔，思念熾烈，此際竟如久別的新婚夫婦。他父親失望，生氣，顏面有失，極力隱忍。他父親、阿姨在一周後把志翔（押回）徐州，只是，才二天，志翔又跑了。他到武漢去了！沒隔幾天，志翔又把阿惠偷偷帶回蘇州。

　　大年夜下午4點，阿惠終於搭上回武漢的快車，如行車順暢，五個小時後，可抵達大火車站，半夜她可以回到與父母同住的老家，只是，阿惠的家人將如何面對這一個（鎩羽而歸）的女兒？

2013.2

36. 煙　草

●老家種甘蔗？

○種玉米，隨便它，一斤才七、八毛，養豬。

●對了，種煙草。一斤多少錢？

○二十多塊。

●哦，值錢！很費工夫？

○要非常用心，要蓋暖蓬。

　季節到時，連同肥料、農藥，山下有人都準備好
　了。

●誰烤煙葉？

○自己搭烤煙寮。

　家裡只剩父母，早就不種了。

●你擔過煙葉，你能擔幾斤？

○二十多斤，走兩個鐘頭山路，讀小學時候。

●你老爸呢？100斤有嗎？

○沒那麼多啦。是背，用一條粗布繩，把簍子系緊。

●怎不用頭頂？

○很重耶。（頭殼壞去……臺灣話）

●頂在頭上走路，婀娜多姿，女生不頂嗎？

○你去頂看看。

●說不定楊麗萍會頂。

○雲南分兩塊，她在亞熱帶，我家靠近四川，溫帶。
　孔雀舞後不是我們一邊的。
●你會不會跳舞、唱歌，唱山歌？臺灣的山地原住
　民愛唱歌。
○我一唱歌，你會嚇跑。
●楊麗萍好像很白。
○我們雲南人都黑，你看。（捲起袖子）
●我要看沒有曬過太陽的地方。
○我穿比基尼游泳。
●去年夏天的事啦，還沒退色嗎？看你屁股。
●你交過幾次男朋友。
○我只想早早忘掉那些事。
●你吸煙嗎？用一根長長的煙杆。
　蹲在家門口，老半天，一動也不動，曬太陽。
　一口掉光牙齒的嘴，含一根煙槍。
○我要學開車，拿駕照。
●山上能開車嗎？
○學費很貴，又要給教練送煙。
●什麼煙？
○中華煙。
●送他便宜假煙，嗆死他！

2013.4

37. 罌　粟

●下次回家，帶一點給我嘗嘗。

○不好帶。

可以治胃病，我媽媽要我帶一點，沒敢帶。

上回在火車上被搜身，一個女的，什麼地方都摸。

看我太瘦，當我是吸毒的。

●罌粟是什麼滋味？

○你一定嘗過，重慶火鍋裡都放點罌粟果，越喝越
　好喝，肉也香。

●會上癮嗎？

○我們老家每個人都會吃一點，不怎麼樣。

●吃了會想作愛嗎？

○萎靡的人會振作一點。

●煉成白粉就屬害了吧！

○有人會鬧自殺，要跳水！

有人發瘋，拿刀砍自己的老婆、女兒，醒來一看，
嚇昏了。

●家家都種？

○種一點，五株吧，一株會長幾十粒果子，歸媽媽

所有。

○種多了會被拔掉，其實深山裡也沒什麼人來。

大面積栽種，要坐牢。

2013.3

38. 小 俊

推出門，走進綠意盎然的大型寬闊停車場，一輛新車在我面前嘎然煞住，矯捷出來一位陽光少女，哦，想起來啦，她曾給過我一通手機短信，說 12 月的第 1 個星期天是淚水節，那一天要放聲大哭，把累積一年的痛苦都洗掉。好久不見。跟先前有異，更亮，更健康，此刻她就兀在我面前。最近身體好嗎。是打球來的嗎。

對了，那時候，她問我借錢，我躊躇不定……她催我，第三天的第三封信，她居然要我在那一天下午三點鐘前 Say yes，否則，她就要……就要賣掉她的股票，什麼?! 自此斷訊，時隔年余，她依然美麗，更盛！看來老天眷顧著她！

2013.6

39. 學生們的性事

　　北京市政府新近編印了一冊健康手冊，分發給北京92所大學，80萬名大學生。此書圖文並茂，書裡所說的故事，是現今當地大學生們愛情與性行的真實經歷。據官員說，多元社會的發展，使得大學生們的性生活日趨複雜，有78%的受訪大學生不反對一夜情，有人有多名性伴侶，也有人賣笑，墮胎的女學生也不少。

　　曾經是，至少對一部分人來說，必須頻送糖果、鮮花，苦苦等候，才得一親芳澤。現在只要相互看對了眼，傳幾通簡訊，便能上床作愛。年青人不再期待隆重的燭光晚餐，可口的小吃就好，要嘛，乾脆來一頓烈酒羊肉，痛快一夜。

2009.12

40. 江啓臣任國民黨新主席

2020 年 3 月 7 日，國民黨改選新主席，任期僅一年餘，補足吳敦義提前辭職後所留下的未竟期間而已。選舉結果如下。

● 選舉人 34 萬 5971 人、投票數 12 萬 4019 人，投票率 35.85%，史上新低。江啟臣以 8 萬 4860 票（68.8%）大勝郝龍斌的 3 萬 8483 票（31.2%）。投票前郝龍斌因他父親郝柏村的關係，自以為可以囊括最大的黨部黃復興黨部（多為退伍軍人）的大多數票而當選。他好像只是個（朝九晚五）的上班族。

● 江啟臣 48 歲，比郝龍斌小 20 歲。他曾短期出任政府發言人，現為立法委員（第三任），他出身台中紅派。這回他也得到台中黑派政治人物顏清標、顏寬恒、李乾龍（新北市）、謝龍介（台南）、許淑華（南投）等地方性人士的大力支持。中國國民黨大致已成臺灣國民黨，甚至地方黨。

● 吳敦義、連勝文、胡志強等人也支持江啟臣，朱立倫、洪秀柱不支持。

● 江啟臣堅決不說（九二共識），共產黨總書記不發賀電。

　　●　積弊極深的老舊國民黨或無可改造，或將隨新黨、台聯黨、新黨之後塵，消失於臺灣政壇。

2020.3.10

41. 老人黨

　　這次改選主席，國民黨 19 歲以下黨員僅 212 人、20 至 29 歲者 2,657 人、30 至 39 歲者 6,253 人，以上合計，40 歲以下的黨員有 9,122 人僅占 3.16%。所以說國民黨是（老人党）。

　　黨員人數有什多少？忽多忽少。每逢黨內大選，就有人收集其親友或其公司員工的身分證，代繳黨費，代為報名入黨。黨部審查入黨名單，來者幾乎全收。選後新黨員即被（放生）！國民黨人數有時少至 10 多萬，有時 20 多萬。這回改選黨代表、中央委員、常務委員、主席，選舉人數多至 34 萬 5,971 人。（臨時黨員）究竟有多少人，連他們自己都攪不清楚。自 2016 年後，民進黨已明確成臺灣最大政黨，有紀律，有實力。

　　國民黨以前有很多財產，那時候國庫通黨庫，他們的錢其實是國家的錢。民進黨於 2016 年全面執政後，開始查封國民黨的來源不明財產，要繳還國庫，所以他們現在也負債累累。有三、四百位無事可幹的資深黨工還在等待領取大筆退休金或資遣費。但還是有人搶當黨主席，好像各種明的、暗的（剩餘價值）還有不少。

　　共產黨（親近）中國國民黨，說那些老人是中國（赴台）人員，要他們幫忙，把臺灣弄回大陸！中國國民黨能苟活至今，有共產黨扶一把，是其原因之一。可惜，看似扶不起來了。

2020.3.11

42. 新立法院長╱臺灣大選

2020 年 2 月 1 日，新立法院開議，113 位新選委員都到場，當天立法院鋪上紅地毯迎接新的主人們，有人單身到場，有人扶老攜幼闔家蒞臨，喜氣洋洋。在臺灣，每一位立法委員都是重要政壇人物。

第一件也是最重要的事，改選新的正副院長，民進黨提名遊錫堃與陳其昌，國民黨提名賴世葆與楊瓊瓔。民進黨擁有 61 位正式黨提名的委員，國民黨 38 位。開票結果遊錫堃得 73 票，當選為新院長，賴世葆僅得 36 票。

民眾黨的 5 票、時代力量的 3 票、基進黨的 1 票，另外名為（無黨派）實為民進黨的 3 票，總計遊錫堃獲 61+5+3+1+3=73 票。反觀國民黨應為 38+1=39，可憐竟還有 3 人逃票，只得 36 票。

此後三年之間，臺灣已無選舉，民進黨可穩定執政，盼臺灣繁榮進步。

2020.2

43. 兩岸關係趨勢／臺灣大選

　　蔡英文競選期間多次表明，拒絕（一國兩制），稱臺灣為（中華民國臺灣），當選日夜晚，向大陸呼籲（和平、對等、民主、對話）。大陸以（一個中國的原則）冷淡回應。

　　國民黨敗選，吳敦義不得不率領全體一級主管總辭，中常委隨即開會，選出林榮德為代理主席，曾銘宗為代理秘書長，預定於3月7日改選中央委員、常務委員及主席。有人主張國民黨必須年青化、民主化、臺灣化。也有人主張不再使用（九二共識）論述。

　　江啟臣與郝龍斌兩人競選主席，雙方志在必得。江啟臣請大陸正視中華民國存在的事實、確保臺灣優先與民主。郝龍斌更強調大陸必須承認中華民國，他甚至於說，若大陸堅持不承認中華民國，那就不需要跟大陸交往，在通郵、通商、通航方面，都可以重新考慮有沒有必要繼續下去。

　　已幹了20年新黨主席的郁慕明終於下臺了。在這次大選時，新黨的政黨票只得147,373票（1.04%）。蔣介石集團在臺灣的勢力式微。

2020.2

44. 溜之大吉

　　各中學考完試，一學年結束，得第一名的模範生依例可得到（市長獎）。高雄市長韓國瑜召集他們，親自一一頒獎，併合照，有一位某校的初三模範生，娃娃臉，身材高大，結實，韓市長拉他近身，摸他的頭，這個十五歲的少年不悅，伸出左手食指，指著韓國瑜說，你競選總統（很可笑！），韓撥開他，少年帶著警戒的姿態走開。這一張錄像，在這幾天，被人反覆播出一百遍以上，看到的都覺得好玩。

　　有一位高中生，是一位（苦讀）、（少年老成）的學生的模樣，所穿的白色 T 恤上居然貼著（溜之大吉）四個黑色大字，他說他父母預先知道他要穿這一件衣服出場。韓國瑜以（痞子戰法），倖得高雄市長寶座，不想位子還沒坐暖，就想再一次愚弄臺灣人民，當上臺灣總統，棄市長職位如敝屣。

　　有一位女生著國旗裝上場領獎，她一臉不高興的說，是她媽媽要她這樣。

　　有一位高雄中學的應屆畢業模範生，帶一本書上臺，書名《為什麼愛說謊》，他拿在胸口，與老韓合照。馬英九說的，韓國瑜的少年時期是在（混太保），打群架中長大的。前述幾個少男少女損他的言行，老韓倒不怎麼在意，顯見也有些氣度。聽聞只要能拉下民進黨的蔡英文，不讓她連任總統成功，不論是誰，韓國瑜或郭台銘或朱立倫，中國大陸都願意支援。

2019.6.25

45. 貿易戰

2018 年 7 月 6 日，美國對第一批總值 340 億美元的中國進口商品徵收 25%關稅，8 月 23 日追加 160 億美元，第三波 9 月 24 日再追加 2000 億，先加征 10%，於 2019 年 5 月 10 日調高成 25%。其間中國也採取報復措施。經過一整年，中國商品對美國出口下降 14%，金額少 180 億美元，占一年總額的 3%而已，反之，美國對中國出口減少 38%，金額 230 億元，占全年總數的 15%。根據日本人的前述的統計，中美貿易戰誰勝誰敗，尚未可知，但確定臺灣對美商品出口增幅 20%。

中國大陸的經濟，在中美貿易戰開始之前原就有（下行）之勢，現狀更不樂觀。2010 年，國企得自全部銀行的貸款，僅占總額的 36%，但到了 2016 年，已擴大到總數的 83%，我不知道 2018 年占比多少，但民營企業多數資金短絀，經營艱難。企業往來間的信用更差，相互欠債拖延。大商場裡百貨繁多，但消費者少，店員也少了。

當年蘇州也有不少韓國商人活動，三星工廠的規模不小，但早已走光，他們在去年結束了在天津的手機組裝廠，正在收拾他們在潮州的第一個也是最後一個設在中國的加工廠。中韓間在 2015 年簽下 FTA，原期雙方間的經貿更盛，且規律化，不料中國貼出一紙（限韓令），雙方關係就此（打消）。一紙單方面的行政命令，其威力比具有國際條約性質的《自由貿易協定》更屬害。

　　日本及臺灣的商家也都在明顯撤出中國，不可能像韓國人一樣幾乎是全部撤走，比較慢，也撤不乾淨，但估計會占一半左右。境外商人撤走，中國人能填補他們留下的空檔嗎？幾經研討，答案是"NO"。臺灣累積外匯達4669億美元，史上新高，台商回台投資，正式向經濟部報准的於7月12日累積達4441億美元，估計全年可達5000億。臺灣人不再一昧擴大企業規模，力拼利潤微薄的代工業，臺灣地狹人稀，且資源短缺，現大家轉而追求製造精良、高價的商品，預期平均工資會快速增加，也提高生活品質。中美貿易戰興起，臺灣一時間受益，中長程影響則尚不明朗。

　　兩岸間經濟往來減少，其他的各種文化，交流也隨之減緩，相互間已不再像過去一、二十年間的（親）了！二十多年來外商來得多，蘇州人的（親善）態度是一項極重要因素，如今情況似在改變。

2019.7.14

46. 香港動亂

　　一對香港男女陳同佳及潘曉穎去年同遊臺灣，不知何故，男的殺死了其女友，然後逃回香港，陳同佳迅即被捕，承認殺人。但因他是在（境外）犯罪，香港司法機構依法不能以殺人罪辦他。香港與臺灣之間無罪犯引渡條例。

　　香港特首林鄭月娥藉這件刑案為例，草擬《逃犯條例》。依該草案，凡在中國大陸、臺灣、澳門等地犯罪，逃到香港的（罪人），可被引渡回犯罪地的國家或地區，如臺灣可要求引渡陳同佳到臺灣，治以殺人之罪。問題是，該《條例》擴大範圍，規定中國公民或（外國人），在（國外）針對中國國家或公民犯罪，而身在香港時，都可以依中國的請求，遣送中國治罪，如此，如有臺灣人、美國人……世界各地的外國人，在境外辱及中國者，一旦身入香港，甚至搭乘飛機在香港轉機，就可能被捕，送到中國依中國法律治罪。這可屬害了！這《條例》也危及香港的獨立司法權，於是多數香港人齊聲反對，一再聚集遊行，而外國人也大力支持，香港大亂！部分香港人稱此項《逃犯條例》為（送中條例），甚至為（送終條例）。

　　為了《逃犯條例》的制定和交付立法局審議，香港

人開始上街聚眾抗議，3 月 31 日只有一、二萬人，4 月
28 日增加到 13 萬人，6 月 4 日，也就是 1989 年 6 月 4
日北京天安門暴動周年的（維園六四燭光晚會）則有 18
萬人參加，6 月 9 日 30 萬人，6 月 12 日有 103 萬人參
加，員警頭戴安全帽，手持盾牌，帶來瓦斯槍、胡椒噴
槍、以及發射橡膠子彈和布袋子彈的槍支，警民正面衝
突，事後警方說發射了瓦斯彈 150 發，其他子彈若干，
受傷的人有 72 人，重傷 2 人，其中 1 人被橡膠子彈正中
眼睛，生死不明。而林鄭月娥定性此次街頭群眾事件為
（暴動）！舉世譁然！據港媒報導，林鄭為此事曾躲入
廁所（狂哭）2 次，她拒不（撤回）此案，僅（暫緩）
審議該條，也拒不辭職！她已身不由已，須聽北京命令
列事。

接著天天有人上街抗議，6 月 16 日號稱有 200 萬人
上街，佔香港 740 萬人口中的四分之一以上，從原來的
年輕人已擴及到各種行業的人士，當天員警人數已減
少，只有少數人身著反光背心維持交通秩序。此條例的
立法，已危及（一國兩制）的實施。香港人要求臺灣人
（支撐），臺灣人及時聲援，謂（今日香港，明日臺灣）。

2019.6.19

47. 結婚禮車

　　有人結婚，吃過酒宴，新郎、新娘的同學、同事，以及雙方親友，仍有人在餐廳前留連、交談，或許有單身的男女，在賓客中遇見喜歡的異性，且多聊兩句，相約日後聯繫。餐廳前的空地，正中只停著一輛小車，前窗儀錶板上放著一大把鮮花，車門把手上繫有精緻彩帶，這就是新郎新娘的車子，今夜獨佔寬闊的餐廳前空地，別人的 BENZ、BMW 請暫時避開此地，再等一下，新郎要自己開著新車，帶著新娘，返回他們的新巢，或許明天，他們還要開這輛自己的愛車環島渡蜜月去也。臺北的初夏，戀愛的季節。

　　反觀大陸，人們常因婚事（昏頭），他們盼租用多輛高級轎車，排隊強行駛入社區小巷。你知我知，都是平常人家，何需裝闊！臺灣也有過（嫁妝一牛車）的時期，但那只是件古老的回憶。現今的年輕人，找結婚對像常以（談得來）為第一條件，在平淡的日常生活中尋找小樂趣，不需要雄心大志。

2019.6.25

48. 再談轎車

　　我們住的社區停滿許多高檔轎車，琳琅滿目，那一戶文州人，住二個人，家有三輛車，先生開 LEXUS 460，仍亮煌煌的，但車齡已逾 15 年，不好開，要賣，也賣不了多少錢，車子長期擺著不用，車主或因無事可幹，足不出戶。太太在五、六年前，在他們一夥人最後一次集資買到一片住宅用地時買了一輛 PORSCHE PANAMERA，用了一段時間，就幾乎停用了，常用車罩包覆著。他們家的女孩子有一輛老舊的 AUDI A4，結婚後搬出去，車子留給母親，早年進口來的，但仍能正常使用，他們家現在只用這輛車子。諸如此類，有好多鄰居也有相似的境遇，現在買地蓋房子，動輒要動用數十億，小 case 也要好幾億，非他們能力所能及。別說蓋房子，現在連做水電安裝的，也都被集團性的商業組織所壟斷，也不行了。

　　有人忽然買了一輛進口來的大奔，幹嘛？說是要接送小孩子到新區外國語學校上學，不讓孩子輸在起跑線上云云，請清醒點，別鬧了！

　　2018 年中國各式汽車銷售量減幅達上一年度的20%，各地甚至於北京郊區，新蓋房子的銷量和售價也趨跌。猛銳的經濟發展期有走緩之勢。

2019.6.26

49. 馳騁高速公路

　　老在環太湖地區開車繞來繞去，漸感乏味。最近天氣暖和了，體力也恢復了，想跑遠一點。台商們通常對福建比較熟悉，而我到大陸經商已十多年，只在 05 年春天從臺灣到廈門、泉州玩過一趟。福州是我極想去的地方，距離蘇州九百公里，搭飛機？坐火車？最後不顧親友的反對，帶著我的妻子，一對白髮夫婦，自駕汽車出門。車子性能好，堅固、舒適。發不發生重大的意外災難，要靠老天爺保佑，至於小麻煩，我自信能自行處理，我妻子也跟我一樣，有點膽量，也喜歡自由自在，她贊成。

　　我去過鹽城，沿途是筆直的高速公路，在那裡看到丹頂鶴，有人告訴我，他們鹽城還有黑色的牡丹花？到富陽、桐廬，那裡進入山區了，沿路有很多竹子，樹木房舍也漸與臺灣近似。這一天從金華到溫州，駛入一條長約 220 公里，漂亮極了的山區高級公路，路面完整如新，彎路合理，車子很少。通過一條一條的隧洞，在空氣新鮮、景色如畫的馬路上快跑二小時，真是愉快。

　　二十年前，我曾搭乘遊覽車，從義大利的米蘭到瑞士的洛桑，蜿蜒攀登阿爾卑斯山，一路是如詩如畫的景色，事隔多年仍記憶深刻，如能自行駕車馳騁那條高山公路，必然是一大快事。臺灣的中部橫貫公路於 1999年 921 大地震時嚴重崩塌，之後，為了環保，為了保護山區的涵水區，已經封路。從日月潭到阿里山之間也有一條高山公路。從台南到台東之間的南橫，則是一條令人心存畏懼，在崇山峻嶺間迤邐穿行的危險公路。經常大片崩山，路面上鋪滿銳利石片，常刺破汽車輪胎。遊覽車司機們多不願意走那條路，如無法拒絕，則數部車結伴而行，好相互照應。司機們在那期間吃素，滴酒不沾，吃過晚飯就上床休息，一早開車前先燒一柱香，駕駛座儀錶臺上擺一尊神像。我自己開車去過二次，前面看不到車子，後面一大段路也無來車，緊張中另有一股孤單的感覺。

　　來到海岸公路，溫州與福州間四百餘公里的海岸高速公路，是一條能讓人痛快飆車的路線。是一條造價昂貴的高級公路，視界良好，沒有大角度的彎路，連續跑幾個小時，酣暢淋漓。在福建區段，車子不多。浙江區段的海岸線上，則有許多來自全國各地的長途大貨車。這些貨車司機及隨車工人都很年青，幾乎清一色的穿著黑色衣服，他們在各休息站停車吃飯時，依序四個人占一張桌子，偶然有人交談，聲音很低，避免干擾別人。他們互不相識，卻有如有個嚴屬的帶隊軍官所率領的戰士群，久經訓練、默契良好的樣子。他們是在出任務，從各自的家鄉運載各樣貨物到遠地交貨，要按時抵達，途中經不起差錯，於是個個謹慎工作的模樣。他們行駛在路上時，也一派循規蹈矩的模樣。不守交通規則的是那些從大都市來的大客車司機，還有和我一樣，自駕轎車來玩樂的逍遙派。臺灣屏東、鵝鑾鼻間的海岸公路，原先是一段令人心情非常愉悅的兜風公路，但已車子過多，醜陋的建築物也阻隔了湛藍的海水、海浪、沙灘和美麗的草園。台東和花蓮之間的縱穀公路也令人心曠神怡，但也被可惡的看板破壞。花蓮、蘇澳間的蘇花公路，一面是一望無際的太平洋，一面是鬼斧神工的巨大斷崖，它是一條在斷崖上鑿掘出來的狹窄山路。在特別驚險的部分，已截彎取直，另闢新路，不讓汽車直接掉落在大海之中。離海岸不遠處，有一道深邃的海底深溝，不止有鯨魚、海豚和旗魚巡遊，聽說還常有不明潛水艇出沒。

2000 年 5 月 19 日我在最長的"清水斷崖隧道"中出事，有一個長髮飛揚，面貌、身材像極美國印地安紅番的原住民，開著一部全鐵砂石車從後面瘋狂追撞我，把我的車子撞飛起來，在其後的兩秒鐘之間所發生事情，拙筆不會形容。幸虧車子仍在我掌控之中，也未立即喪失動力，我緩緩把車子從正確的路線上駛出隧洞。在停車場停好車，車門還打得開，我一走出來，一群人面帶驚惶的圍繞上來觀望，他們大吃一驚，在這場間不容髮的事故下，我跟我太太絲毫無損，還居然一臉平和、安祥的表情。那一部堅固的大型 VOLVO 轎車，幫我們擋下了全部的災難，它已不堪使用，報廢，交給保險公司處理，關於肇事責任，由於當時我心中充塞著感恩的感覺，我原諒了那一個冒失司機。有一部被我追撞的遊覽

車要我賠他損失，我答應賠他，他看我從容自在的客氣
模樣，只要了我的電話號碼及地址，便又匆匆趕路去了。

　　人類希望跳得愈高，愈遠，跑得愈快。汽車、飛機
就出現了，而且愈造愈精。

2006.3

50. 新　車

　　我剛買那一輛大奔的時候，我那 3 個孫子比我還興奮！那時候他們還在讀小學，他們坐在寬敞的後座上，相互比賽，看誰能找到更多的機關，每一個按鈕都用力按，也不怕把車子弄痛或弄壞，有人還發現掀開座椅，再扳下一道活動門後，竟然隱藏著一個小電冰箱，內頭可以存放果汁、可樂。如今那 3 個孩子都已上大學，2個在北京，1 個就地讀蘇州大學。

　　去年年底，我得到一張展延的駕照，可以用到 2025年！我覺得，我還能工作 10 年！我覺得，此生我還有不少還沒做完的工作！同齡的同學同事，他們退休已久，多半只是耗在家裡做些瑣碎小事，或在附近散散步，已不需要照顧孫子，孫子們已成為青少年，他們不親近老人。

　　原來的 B 牌車，以故障率最低最受青睞，還有，它外形典雅、大氣。起步時有些緩慢，一旦飆起來，便動如脫兔，但車內水杯裡的水不起連漪，不會激濺起細小水珠。但已老舊，又值進入另一波零組件的調掉期，須告退了。

　　仍是 B 牌車，小一號，供老人代步而已。沒想到新款的車子，竟已大量電子化，自稱已超越長久以來，便以電子科技著稱的其他名車。複雜的電子裝置，令人頭暈、目眩、忐忑不安，一時間，我真想換掉它，但出乎意料的快，我已逐步跟上了它，也有些愛上了它。新車的排氣量只剩舊車的一半，但馬力、扭力竟未明顯減弱，可見這 10 年來制車工藝的進步之劇。渦輪增壓引擎已成必要之物，為省油，也為減少廢氣排放，但喪失了少許的寧靜舒適；引擎異常忙碌，有換不完的排檔，換檔也造成一些躁動。新車敏捷，搞不好適合飆車，千萬小心，到處是電子員警，別被吊銷駕照，如在臺灣，還可能被追訴（公共危險）罪，有坐牢的可能。

2016.11.15

51. 隨意啦

　　她工作的公司被賣！十一月，她的底薪加獎金有二萬九千多元，工作不辛苦，顧客不請自來，一輛車子動輒數十萬，有的要一百多萬，顧客問東問西的，沒完沒了，好沒（水準）！坦白告訴你，那些車子，我只偶而在廠區裡開一小段路，移動位子而已，買家問的，我還真不知道答案！隨便應付應付啦！尤其今年新款的車子，突然全面的（電子化）起來，很難搞的！你問我，我還得問他，全公司三、四百人，真正搞清楚的，就那幾個人，好（踐）哦！

　　公司被賣掉了，主管換人了，我怎辦呢？我想換家公司，到 Porsche。

　　那一家公司距離很遠，哦！對呀！我還沒告訴他，其實那種車子賣的不多，不好賣哪！2015 年 Mercedes-Benz 蘇州賣一萬七千輛，2016 年賣二萬輛，蘇州人真行！2016 年全臺灣才賣二萬五千輛。

　　公司被大噩連哄帶騙的買走，主管都換人了，我怎辦哪？我決定要走，為什麼？新的主管很（變態）！天天要把我們關到 8 點半，才准走人！變態？我先前還以為是性變態。

　　我跟我表姊已買好機票，好高興喲！要到臺灣玩，

九份老街、平溪放天燈、高雄六合夜市。第一次去，先
到花蓮太魯閣、日月潭等地，如僅在臺北地區兜圈，淡
水的老街、情人碼頭、西班牙人砲台……。

　　我表姐正在（攻略），什麼？你以為你是北京的領導
嗎？要攻略什麼東東。畫一張旅遊行程圖，也不必太精
細，隨遇而安吧！臺灣值得你去旅遊好幾回哪！

2017.1.24

52. 獼猴桃

　　已入秋，山上野生果子掛滿枝頭，我媽帶我上山。沿著現成的小徑，繞著山走，去時二小時，回頭時有滑坡快捷方式可抄，跟蹌下衝，二十分就可到家。

　　回時走進樹林，一個又一個的陡峭山坡，我媽不行了。二個袋子，裝著獼猴桃、毛栗什麼的，全歸我背，但我媽腰腿無力，還是下不來。我背不動她，母女相向，互助凝視，她叫我一個人先帶果子回家，她要循原路，繞過那一座山，摸黑回家。我叫她原地等我二十分鐘，我連衝帶滾的，把果子卸在山腳，又爬上去，追上了她。

　　漸漆黑一片，那晚沒一顆星星，還好山下有幾盞微燈。

　　媽跟老爸拌嘴，他生氣，幾天沒吃飯，光啃甘薯。弟弟胡作非為，被捉進官裡。姊姊離家，凡事不聞不問。

　　我媽嘮嘮叨叨，要我回家結婚。我要跟誰結婚？那一個？幹什麼的。那條回頭路，走了三個小時。

2013.11.12

53. 牽手北京街頭／北京

　　三人吃過晚飯，慢步走在北京街頭。相距幾百公尺而已，前面就是孫兒就讀的大學，老夫婦投宿的大酒店在其旁邊。阿媽與孫兒並排走在一起，她自然而然的伸手牽他，他讓她拉著，男孩子身材高挑，阿媽只有他肩膀高，又是個老婦人，別人看不出來，是誰牽住誰的手。三人同行，暮色茫然。

　　她牽著他的小手，在臺北街頭學走路，她小心翼翼，防備著不讓他跌跤。倏忽已二十年。

　　他書沒讀好，因無及時資訊，也不知如何選課、補課，困處宿舍，正在發愁。昨晚她聽見他們母子正在講電話，聲調高昂，是在吵架了！祖父母連忙趕來，探視身陷窘境的那一個大男孩。

　　慢步走來，三人在學校門口停住，阿媽問孫兒住那一棟宿舍，幾樓？那一間？她想進去看看，也幫他整理一下床鋪。他不敢說不，但就是不願帶路。阿公伸手牽住阿媽，走回自己投宿的旅舍。

2017.09.27

54. 瓜果／敦煌

　　莫高窟炎熱，四十四度 C，地表溫度六十多度，那一位容貌端莊的女性敦煌學者，強烈建議我們振作精神，繼續向前走。我們熱得要死，不能死在沙漠裡，怕曬成乾屍，火燒起來，會劈啪作響。

　　1900 年，光緒 26 年 5 月 26 日，那一位屢受抨擊的王圓籙道士，忽聞天炮響震，忽見山裂一縫，……率人用鋤挖之，欣出閃佛洞一所，……內藏古經數萬卷。

　　眾人舌幹唇裂，焦躁不安，大巴減速，停靠一處碩大的瓜果棚前，紅的、黃的、綠的瓜果堆積如壘，不必秤，一個 20 元，包甜！12 個家庭，12 份旅遊契約，上海攜程旅行社來的，共 43 人，內含一家住在蘇州的臺灣人，一對七十多歲的夫婦，其女兒，其孫女，那一位讀高中的秀色長身女孩，好像來自阿拉伯半島上的（條支）或地中海一帶的（大秦），敦煌本來就是個多民族，多語言的一個大綠洲，五方雜處。誰說（西出陽關無故人）。

　　大口啖吃哈密瓜，先是迅速搶食，吃撐了，再一口一口慢吃，前面還有一條長長的戈壁灘。隔座一位上海少女，（爺爺你吃一片西瓜），果然是好，又沙又甜。司機王師傅遞給我又一片哈密瓜，實在吃不下了，但不好拒絕，哇塞！特別甜，瓜果商人特選來孝敬司機及導遊小姐的 5A 好瓜。上海太太們看在眼裡，神色有異。

2015.8.11

55. 張騫出使西域／敦煌

　　莫高窟于唐初鑿成的第 323 窟，有一幅張騫出使西域圖。張騫於西元前 138 及 119 年，奉漢武帝劉徹的命令兩度出使西域，在大月氏、大宛、康居、烏孫等地工作十多年，豐功偉業。

　　漢武帝這位雄心萬丈的大皇帝，極力擴張版圖，他想驅趕佔據或漂忽遊移于漠南地區的匈奴，於是在他身傍的近衛群裡，挑出張騫這位文武雙全的侍郎，以及其他 99 名勇士，其中還有匈奴人，組成一支堅強的先遣部隊，提前出發，作前敵工作。基本任務是聯絡聚居今阿富汗一帶的大月氏，由東西方夾殺匈奴。果然，在張騫於西元前 138 年出陣後，大皇帝劉徹便隨後 3 次出動大軍，攻打匈奴，使漠南（天山以南地區）再無匈奴的政權存在。在河西走廊設置了武威、酒泉、張掖、敦煌四郡，又建立陽關、玉門關。

　　張騫的大隊，除那 100 人的武士團外，想必另有龐大的隨隊人員，如醫師、工程人員、氣象人員、翻譯人員等隨行，帶著不少金銀財寶、大量的商品，還有大隊駱駝、馬匹，一邊走，一邊做生意，讓部隊盡可能自給自足，是一支大商團，也是一支軍事特遣隊。更重要的，他那一面揣在懷裡的漢武帝親頒欽差大臣證書，諒再兌悍的匈奴族長，也會畏敬三分，故只能羈絆他，送美女當他的妾侍，給他大房子住，還不時饋贈美酒、烤羊，監視著他。而張騫乾脆就地（調研）起來，也與朝廷保持著密切的聯繫。他第一次被扣，限地居住，就在河西走廊。

張騫二次出國，歷盡艱險，先後抵達大宛（今烏茲別克）、康居（今哈薩克的一部份）、大夏（大月氏佔據的今阿富汗北部）、烏孫（今吉爾吉斯東北部，距新疆阿克蘇不遠，是詩仙李白的出生地），張將軍率一支小型特遣隊，轉戰各國，他甚至於到過安息（伊朗）及身毒（印度）等地，他是一位偉大的先行者，開拓了一大段絲路，促進中西文化交流，他比晚他 1300 年，由明成祖朱棣組成，由鄭和（原阿拉伯人）指揮的海軍大艦隊，有大船208 艘、載人 27,800 人的（鄭和下西洋）相比，並不遜色，效率更佳。他的故事令人神往。

2015.8.14

56. 班超回家／絲路（一）

　　西元 102 年，東漢永元 14 年，西域都護（新疆總督），都府設在龜茲（今庫車一帶）的定遠侯班超請求告老還鄉，他在寫給東漢和帝劉肇的報告中說，他延命沙漠，至今 30 年，骨肉生離，尚存人世的遠親，相見也不相識了。當年隨他前往西域的 30 個部下，且已無一人。他說他已年老體衰，頭髮無黑。……連一根黑頭發也沒了。

　　如果不准他回到首都洛陽，懇求至少讓他進入敦煌玉門關，這樣子他就算回到漢界了。劉肇讓他回家，他向和帝詳細報告了西域情勢，皇帝和皇后熱忱接待班超，溫言安慰，並派御醫治療宿疾，賞賜高貴藥物。

　　他在洛陽街市漫步，驚見眾多西域各國男女，操其本國語言（印歐語系，伊朗語族，雅利安人種），販賣他們各自的特產。一群路旁嬉鬧的幼童，視這位身材高大，身上散發著莊嚴貴氣的古稀老人，為一位新來乍到的西域王公，喊他為（胡人）。6 年前，西元 96 年，班超受封為（定遠侯），領地千戶。雖然他身上穿著漢朝貴族的華貴服飾，但在多年滯留沙漠諸綠洲之間，不知不覺中已被胡地、胡人浸染，改變了容貌及姿態。

　　班超是《史記後傳》作者班彪的兒子，著《漢書》班固的弟弟，班昭的哥哥，出身最尊貴的書香家族，他

投筆從戎，他在 42 歲的時候參加前往西域攻略匈奴的大
軍，30 年過去了，於今七十又一，雖榮歸故里，但人事
已非。他曾違抗朝廷命令，一直擔心會被皇帝治罪，如
今得以因功贖罪，緊張萬分的身心，終完全鬆弛下來，
他此時已無任何懸念。他在進入洛陽城後很快撒手人
世，僅隔十多天而已。漢朝皇廷厚葬了班超。

2017.4.12

57. 鑑眞大和尚／絲路（二）

　　日本留學僧普照、榮睿等一行 7 人，于唐朝天寶元年（西元 742 年）從長安趕往揚州大明寺，已入冬，楊柳已老，蘆葦枯黃，一路的景色蕭條，趕路的人心情沉重。他們聽聞揚州的鑑真傳戒師有意東渡日本，於是匆匆拜謁而來。普照、榮睿一臉嚴肅，多半不言不語，普照心情更複雜，如真能迎得鑑真和尚返回日本，何等大事！一面卻留戀長安，他捨不得離去，他還有許多經書還沒讀完，甚至還沒（開卷）。

　　當年鑑真 55 歲，相貌堂堂，神采奕奕，端坐堂上。鑑真的徒弟，以及來訪的普照等七人，四十余位僧侶正襟危坐在他面前，鑑真開口，他將東渡日本，弘揚佛法，有誰願意跟著前去？眾僧靜默，隔了一會兒，終生奉侍鑑真的僧人祥彥說，聽說淼漫滄海，極為險惡，百無一至，沒等祥彥繼續說下去，鑑真再度開口，仍無一人回答。鑑真三度開口，為了弘法，普渡眾生，縱身惡海，也須一試！你們不敢去，我一個人去！於是眾僧跪伏於地，有人心情激動，忍不住哭出聲音，眾僧都說願追隨其後。鑑真在三十余位徒弟中指名十七人同行。第一次渡海失敗時，船上有 185 人，以及極多的物資。他們搭的船是航行大江以及沿海的小船，不堪急風大浪，唐朝在那時候也禁止人民出海。

　　鑒真五次渡海失敗，于 753 年隨同遣唐使藤原清河乘日本大船抵達日本，他帶有大批佛像及經卷，於奈良東大寺大佛之前設置戒壇，給日本聖武天皇及皇后授戒，成為日本律宗的開山祖師。759 年設唐招提寺。一千二百餘年之後，周恩來請日本於揚州大明寺另建一座同樣的唐招提寺，並建立一尊鑒真大和尚坐像。他的故事還會繼續傳誦下去。

2017.5.26

58. 檳榔刀／貓

　　愛爬山的阿明，隔一座山，娶回一位美麗的新娘。山地小村落，村人沒見過這般美女，大家都感興奮。結婚那一天，人人多喝了幾口小米甜酒。阿雄覬覦美色，心懷不軌。

　　先是較小的飛機，後來換來龐然大物的美國 B29 重型轟炸機，每天按時報到，老遠的，便會聽到令人害怕的低沉嘶吼，只是路過，不在這裡扔炸彈，但村民須躲進樹林裡有如墳墓的防空洞中。壯丁須集合，由那個嚴屬的日本巡佐帶隊四處巡邏。

　　天還沒亮，又來一次演習。巡佐哨子急吹，眾男丁奔門而出，阿雄守在一旁，賊眼窺視，一見阿明出門，一下子便潛入他家，上床，抱住了新娘，她不明究竟，也不問，用力回抱，不對呀！怎麼動作特別粗魯、急躁，嘴裡還帶一股辛辣的檳榔味道，她使勁推開，那個男人竟順勢溜走，拉上褲頭，逃走了！她不知道他是誰。

　　巡佐再次集合男丁，一一點名。他下令眾男褪下褲子，逐一檢視下體，阿雄的男根還帶點濕黏，巡佐蹲下，趨近聞一聞，果然還有一股男女剛溝合過後的氣味。馬鹿野郎！巡佐踹了阿雄一腳，扣上手銬，解送上級定罪。

　　不久日本戰敗投降，軍警撤回日本本土，那批偷雞摸狗的囚犯都放掉了。阿雄還不死心，想睡阿明老婆，有一次還打傷了阿明。此後她隨身攜帶一把鋒利的檳榔鐮刀自衛，她曾割傷阿雄，鮮血直流，阿雄再也不敢了。

　　事隔 20 年，雖好色，但也熱心為族人辦事的阿雄當上臺中縣和平鄉鄉長。阿明夫婦努力耕作，越爬越高，種出臺灣高山茶，兒子保送到台中一中就讀，後來成了初中校長，孫子更進一步，選上省議員。那個地方山明水秀，男人挺拔，女人標緻，也都帶著一股悍氣。

　　　　　　　　　　　　　　　2014.5.17

59. 橘子（一）

我在路邊買橘子，他路過玉山路，看到我，停車下來，他也買橘子，跟我說話。

手推車賣的橘子，酸的。

我不怕酸，不愛甜。他長得好帥。

那時候我剛結束前一段情事。想想真傻，那一個男人哪一點好？跟著他陪客戶吃飯、喝酒、泡KTV，我身子都變糟了。也沒存下錢。他不但帥，也年輕許多。

他叫我等他一年，

等什麼？

就說等，沒說清楚。

一年後真如約回來了，輪調回臺灣。

一年間沒男人碰過我身子。

那時候，我全心全意，都在他身上。

看他很忙，沒時間辦事吧，

又隔了幾個月，我問他，

你沒打算娶我嗎？

他說，就現在這個樣子，不是很好嗎，

他請求我當他小三。

我好難過，早上都起不了床，真想一睡不起。
但我內心裡，說要等待，
有一天終要回山上老家，
山上也有幾棵野生小橘子。

2014.7.9

60. 橘子（二）

我大姊不是我爸爸生的，
你媽再婚，前夫呢？
死了。
怎麼死的？
不清楚。石頭。
被人用石頭砸死？
山上滾下來的石頭，
被人用山上滾下來的石頭砸死？

我爸媽吵來吵去，從沒好過，已二、三十年，不睡
在一起。
你老爸沒滿足她的性欲，她氣他。
都生過四個孩子，
那也不能證明他（行）。
她嫌他什麼？矮？怎會結婚？
他住隔壁，那時候常來照顧她。我爸不矮。
她怎麼罵他？
說他沒出息。
不會賺錢？種田以外，他沒做過別的營生？
沒事就關著門看書，文言文的。

涼冷三秋天，受氣一老翁。

我爸不久前把門口二棵大板栗砍了。

幹嘛砍樹！

偶爾會有人偷摘栗子，他不高興。

我媽跟我才不高興哪！

小時候我媽常打我，我爸只打過一次，但我一直記著。

昨天我媽打電話來，說他又幾天不吃飯了，我得趕緊回家看看。

2014.7.9

61. 鑽 石

那時候正換季,改穿冬衣,
他給我一萬元買衣服,
我說多給我二千元,我寧願買一顆小鑽戒,
他不要,大聲反對,買那種礦物幹啥!
他說他討厭那種無聊的東西。

● 他結婚了嗎?
　四十歲,人好好的,怎會沒結婚。
○ 他說他離婚了。
● 對你還好吧!
○ 他連工資卡都交給我,再問我拿零用錢。
○ 二年後,公司調職,他回去了。
● 再沒來過?
● 你不到臺灣找他?
○ 他臨走時說,再去找一個男人。

2013.10.1

62. 送你一罐臺灣紅茶

　　有一位與日本人結婚的南京女子，生有 2 個孩子，2 年前遷居我家附近，她告訴我太太，她丈夫在中國工作已 10 年，現獲准調回日本本土，因為他們家老大就要進入小學，雖明年 4 月才開學，但要提前回國，再上一學期純日本幼稚園，讓小孩從一開始，從幼稚園、小學一年級開始，便完全融入日式生活，她家小孩的童年時期，除了在家裡跟媽媽講中國話，回日本後恐怕就沒機會在家門外再講中國話。

　　每天早晨，我在鄰居上班及上學的時段在社區裡遛狗散步，許多居民都認得我，住在社區裡的近 100 戶日本人家，幾乎都認得我，有幾位日本太太看到我時，還會客氣的跟我打招呼，早先不少本地居民還誤認我們是日本人。我不認識那一家人，但我料想那一位南京太太人長得好看，她的日本丈夫應該也是一位正人君子，但可能他的本土意識強烈。

　　她丈夫剛從日本回來，她帶著一盒名古屋日本乳酪菓子，還有一盒北海道巧克力糖，來看我太太，她找她說些心事，舒緩心理的一些憂慮。她說回日本後，先跟日本婆婆合住，以後再搬出，或許，此後她得侍候婆婆很長很久的一段時間，她知道嗎。

　　我太太送她一罐上好的臺灣紅茶，幾乎所有的日本人都會喜愛這款紅茶，台茶 18 號，生長在臺灣魚池鄉，比賽得獎的限量產品，耐長時儲存，如果存放夠久，比如 10 年 8 年的，它會另有一股幽微的酸澀香氣釋出，有如日本的酸梅酒。他們夫婦會慢慢享受那罐紅茶，喝到所剩無幾時，甚至一次只沖泡幾片茶葉。或許，她再難回到南京或蘇州，請珍重。

2015.8.25

63. 渡邊太太

天氣驟然熱起來，一下子將近 40 度。我買了一大箱玻璃瓶青島啤酒，還買了一大麻袋歐洲來的白葡萄酒。車子先在住家大樓門口停下，卸貨，一箱一袋，分二次搬動，先放在玻璃門門口，當時已有住 16 樓的渡邊太太要幫忙，我請她先上去，東西就放在地上。她是個高個子，具現代感的姣好面貌，善於化妝，我太太猜她早年當化妝品美妝師，她老公做化妝品生意。停好車回來，從門口到電梯口，這回我嫌分兩批麻煩，左手先抱住那個重紙箱，半蹲，又想抓起地上那只大麻袋，袋子裡的玻璃瓶相互碰撞，嘎吱作響，又東倒西歪的，又重又難提。突然身後伸來一隻手，是女性的手，操持家務的，一隻帶勁的手，也是誠心幫忙的手，有效的一把緊握住那個麻煩的大麻袋，回頭一看，是居在 18 樓的另一位渡邊太太，有古典面貌的大和族美女，她有二個上幼稚園及小學的小孩，平常不苟言笑，顯得矜持的年輕媽媽。第三位渡邊太太，她剛搬來幾天，站在一旁觀看，臉上帶有迷惑之色。

我住的這幢大樓日本人最多，也有溫州人、蘇北人及蘇州本地人，臺灣人只剩四戶。日本家庭大都撫育 2 個甚至 3 個幼童，孩子們彼此年齡接近。沒請女傭，但有人每星期來打掃一次。不同來源的居民們同住一樓，相安無事，但相互間沒什麼往來。我們一家人朋友最多，會跟大家打招呼，不論他們來自何處。

　　蘇州沒有日本領事館，但兼具部份領事館功能的日本人學校就設在附近，因此日本人群聚此處。去年夏末秋初，因釣魚臺紛爭，附近的日本人商業街受到有組織的群眾騷擾，多家日本商鋪及餐館被砸，但幸無人受傷。其實，此地政府很重視並小心維護他們。

2013.6.20

64. 單飛的丹丹

　　2008 年 12 月 23 日，兩隻四川熊貓（團團和圓圓）運送到的臺北的新家。有人期望，兩隻大熊貓將加速帶動兩岸間的交往與進一步的協商，包括財經議題、軍事乃至政治方面的問題，總之，希望快點統一。但看來事與願違，兩隻大熊貓並未受到預期的熱烈歡迎。

　　2004 年 9 月，有一隻年幼的雄性丹頂鶴，孤單的飄飛五千公里，落腳臺灣新竹，在客雅溪出海口棲息。那一天，它誤闖新竹的軍用機場，被空軍以獵槍誤傷。這件事引起了全臺灣民眾的關切，全力搶救，它隨即被命名為“丹丹”。據查，丹丹是自 1934 年以來第二隻飛來臺灣的丹頂鶴。

　　丹頂鶴在亞洲的西伯利亞、中國東北、江蘇鹽城、日本北海道、朝鮮半島有多處棲息地，這種美麗的大型候鳥，在國外通稱“日本鶴”。臺灣人煞費苦心與金錢，於 2008 年，在事隔近四年後把丹丹運送至韓國。韓國人還替它配對了一隻合適的雌鶴。丹丹將於今年 11 月 1 日轉送南、北韓 38 度停戰線附近的候鳥棲息地，希望它鼓翅起飛，回到它的出生地。臺灣人心中盼望，丹丹野放成功，並再度來台過冬。如果再來，它已不是一隻"迷鳥"，而是只臺灣人的"愛鳥"啦。

2009.2

註：首爾傳來噩耗。丹丹于練習飛行時，折翼死亡。

65. 丹頂鶴

　　丹頂鶴受人喜愛，有如熊貓，全球目前只有約 2100 只丹頂鶴，分佈在中國、日本、俄羅斯、韓國四地，其中以北海道為主要棲地的占 900 只，隨著季節變換，它們也會遷移，例如黑龍江劄龍的大鳥，在最寒冷的時候會南遷江蘇鹽城的阜寧保護區。2004 年 4 月 15 日有一隻落單的幼鳥飛到臺灣新竹，由於落腳處太接近空軍機場，在空軍驅趕鳥群時，被散彈槍擊傷。臺灣人發覺誤傷了一隻嬌貴的丹頂鶴後，全民關注，對它呵護備至，取名（丹丹），它動過二次手術，在翅膀及腿部取出五顆鉛丸。它在臺北足足休養了四年，健康良好，體重達 9.5 公斤。臺灣人不忍繼續監禁它，決定野放。本來想帶它到黑龍江或鹽城，讓它跟其他的丹頂鶴混居，自然學會野外生存的本能，但大陸方面沒有回應。於是在 2008 年 3 月 28 日搭機前往韓國首爾，開始它的野放前訓練，不料在 2009 年的一次飛行訓練中嚴重撞傷，折翼死亡。

　　日本人決定送一對丹頂鶴給臺灣，慶祝中華民國成立 100 年。它們選自北海道釧路動物園。是從小圈養的大鳥，公鳥 9 歲，名為畢格（Big），是一隻精力充沛的小霸王，生氣時會啄人，母鳥 5 歲，名叫貴華（Kika），是只安靜、羞澀的女生。二隻都已成熟，希望他們早日孵育後代。如果臺灣人喜歡，可以再次為它們取新名。
臺北市立動物園已為它們備好新居，溫度調節在攝氏 25
度，望它們舒適的在臺北長住。

　　2011.9.13 釧路小學近 70 名學童列隊唱歌，為這一
對將搬家到臺北的丹頂鶴送行，他們也揮舞 Big 掉落的
羽毛，祝它們飛越富士山、沖繩，祝福它們永遠健康快
樂。

2011.9.14

66. 萬鳥飛舞

　　臺灣是多種候鳥避冬的地方。最引人注目的黑面琵鷺，估計全球只剩下二千隻，而其中的近一千隻，就選擇在台南的七股濕地過冬。

　　從七股南下 20 公里的北門潟湖，是另一種黑腹燕鷗的冬季棲息地。這種候鳥在中國東北方的興凱湖周邊繁殖。從十月初，便分批陸續飛來臺灣，有時候一年來三、四萬隻，多的時候曾有四、五萬隻，它們在台南縣城濕地一住半年，直到第二年四月才回興凱湖一帶。

　　黑腹燕鷗每天在北門海邊飛舞，場面壯觀。一到落日時分，成千上萬的群鳥分批升空，在潟湖上空約五百公尺處緩慢盤旋，等候遠處的鳥群前來聚合，集合了二、三萬隻後，便分成二大集團飛翔，並開始變換隊型，速度也快起來，有時看似一團烏雲，飄蕩、流動，一下子卷成龍捲風模樣，有時像只大漏斗，整齊的左右翱翔、上下翻飛。有時觀鳥人群只看到它們的白色翅膀，在黃昏中閃閃發光，像落霞般的燦爛。一忽兒，看到它們的黑色腹部，密密麻麻的壓頂而至。俄爾，黑白相間，精彩繁複。先聚集，再飛翔，原來它們在尋找、分配今晚的棲息架，一鳥一個蚵架，每晚重新選定。它們開始俯衝，有單鳥急降的，也有三五成群一起飄落的，就如戰

機的表演。在實際佔領目標中的那根牡蠣蚵架時，難免
發生爭吵，於是便形成混亂爭奪的場面，不但相互拍打、
啄叩，也發生"客來客、客來客"的相罵聲。三十分鐘
的黃昏之舞已漸入尾聲。此時鳥聲不再，只有那永恆的
平緩的海浪聲響。

2008.12.

67. 番 薯

羽毛球館後頭，傍著員工食堂，原有一塊柳樹環繞的魚池，自從食堂停火，池子裡的魚已無剩飯可吃，大魚被撈走，小魚自生自滅，池塘日見縮小。有人不愛柳絮，鼻子不舒服，或許柳條嬝嬝，詩情畫意，但有人看見魅影擾人，不得安寧，先是少了一棵，最後全數被人偷偷砍掉，鋸成數截，投擲池中。事隔20年，又成蔓草一地。

有農村來的公司同事，除草、鬆土，開闢了一畦田地，隨後有人跟進，也各耕一塊。隨季節變換，栽植白菜、青菜、胡瓜、絲瓜、長豆、玉蜀黍等蔬果，原來的草地，換作各色菜圃。這陣子是番薯，狀如一個緊握的拳頭，紅磚色，她說先放個四、五天，去其土味再吃。

怎麼吃？切成幾個厚片，放在飯鍋的上層，與米飯同煮，鵝黃的肉色，出乎意料的好吃，切塊煮成番薯熱粥也香甜可口。哪天且刨成番薯籤，與米飯混煮看看。

二戰末期，高雄、臺北曾被自菲律賓及中國大陸飛來的美機轟炸，總督府還炸塌一隅，但那時候臺灣居民並不缺糧，1945年10月，在臺灣光復之後，由於大米、蔗糖被運補大陸，反而臺灣人須半以番薯維生。那種能隨地存活，只要有小塊土壤，便能頑強蔓延生長的番薯，

常被堆積在飯桌下面，或房間角落，容易腐爛、長芽，
且發出難聞氣味，在那時候，番薯只用來充饑，但如今，
因品種改良，連富人也愛吃番薯。

2018.10.20

68. 琉　球

　　2005 年 11 月 13 日，我們造訪沖繩的那霸市"首里城公園"。首里城創建於 14 世紀末期，是一個融合了中國與日本文化的琉球獨特城池。1429 年，尚巴志統一三山，琉球王國成立，首里城是其首府。1291 年元世祖忽必烈派兵攻打琉球，未至而歸。1297 年福建方面派兵攻入琉球，帶回 130 餘名琉球原住民。1372 年中山王（先有中山王，再建中山王國）察度初次派遣使臣出使中國明朝。1609 年日本島津藩侵入琉球。明治維新後，日本人於 1872 年設立琉球藩，於 1879 年改琉球藩為沖繩縣。二戰後迄 1972 年沖繩被美國佔領並統治。現在美軍在嘉手納仍留下了空軍基地，駐紮精銳戰機，日本民眾想趕但趕不掉吧！

　　琉球群島再南下一點點便是臺灣。1593 年即萬曆 21 年豐臣秀吉派人到臺灣催促納貢，未成。1609 年即萬曆 37 年德川家康派兵攻打臺灣，抓了幾個原住民回日本。1616 年德川又派三、四千人分乘 13 條船遠征臺灣，因颶風失敗。此後的二百多年間臺灣成了俞諮皋、顏思齊、鄭芝龍（鄭成功的父親）以及荷蘭人、西班牙人激烈角逐的地方。1871 年有飄流至臺灣的琉球人被臺灣原住民殺害。1874 年即同治 13 年，日軍在臺灣登陸，爆發"牡丹社事件"。清朝由欽差大臣沈葆楨出面辦事,于同年九月簽約,中國賠償日本軍費 50 萬兩,日軍自臺灣撤出。1884 年中法戰爭波及臺灣,淮軍名將劉銘傳奉命來台抵擋法國海軍。1885 年劉銘傳成第一任 "福建臺灣巡撫",頗多建樹,文的武的,鐵路、煤礦、軍械廠、電報郵政、桑蠶、茶葉、樟腦一齊來。他還清查田賦,消滅"黑田"。實施土地改革,采 "減四留六" 的分糧辦法,臺灣突飛猛進,進入 GDP 高成長的時期。不幸 1895 年李鴻章與伊藤博文簽馬關條約,臺灣永久割讓給日本。

　　上面的二段文章好像在重溫歷史課本,現在換個輕鬆說法。日本的德川家康很強盛,有能力入侵琉球,但未得手。中國的清朝成立後,康熙皇帝很厲害,於是琉球向清廷納貢,於 1683 年即康熙 22 年,康熙頒賜中山國王一面禦書匾額,名為 "中山世土",意為:琉球這塊土地世世代代是中山王國所有。康熙還頒給一方中山王國的國王金璽給當時的尚貞王。此後雍正、乾隆以至同治,一共頒給了九面禦匾。到了光緒,沒有能力,自顧不暇,就管不到琉球去了。與此同時,琉球處在二大國之間,倒是禮貌周到,於德川幕府的將軍換代時,派出 "慶賀使" 致意,自 1643 年迄 1850 年共派遣 18 回。1686 年,日本新政府成立,推行明治維新,國力快速強盛起來,於是武力向外擴張,不但滅了琉球的中山王國,也派兵侵台,製造了牡丹社事件。於 1895 年也得到了臺灣。到了第二次世界大戰結束,琉球成了美國人的勢力範圍。現在沖繩的那霸市成了一處有趣的觀光勝地。臺灣遊客甚多，於是中國話，臺灣話處處可聞，中國人的勢力和平地抵達沖繩。

　　攤開地圖，琉球群島最南端的石垣、釣魚島等島嶼貼近臺灣，劃歸臺灣行政區才合理。在日據時代，釣魚臺就由臺灣的宜蘭縣所管轄。隨著東海海底油田的開發，還有那一帶海域是中國海軍向太平洋發展的途徑。此後，中日間的競爭又將發生，而且可能比以往更為激烈。前面所寫的算是一篇序文，正文正待落筆。不管如何，我不希望那將是血腥的惡鬥，而是和平的合理安排。

2005.12

69. 娘　家

　　我大姊在淩晨打電話給我，說媽媽已在半個鐘頭前過世，我說我已知道，大姊訝異，還有誰會比她更早？是家母親自來告訴我的，清晨二點多，她自己撥的電話，好像（視訊）電話，我看到她姿態安詳的，還帶點微笑，她說她要走了，再來（看）我一眼。那一年她已九十四歲，臥床已有數月。請護士輸打營養液，她擺擺手，拒絕，她在等著自然油盡燈枯。我母親怎知道我的蘇州電話號碼？豈止撥通電話，她甚至人已（飄）到我床前來。

　　今年一月，我在臺北，我到我大姊住家，也到醫院多次看望她，她內心明白，將不久人世，她聚精會神的凝視著我。

　　今年四月，我大姊走了，我趕回臺北。我大姊的大女兒，我外甥女，她一見我就眼紅，還放聲哭出來，一而再的，弄得我很傷心。她讀北一女、台大，隨丈夫赴美，也在波士頓拿到一個碩士學位，她丈夫讀台南成功大學、台大碩士，到美國後獲 MIT 博士學位，她兒子、兒媳婦、女兒、女婿都讀 MIT。我外甥女在赴美之前，幾乎不會，但現在竟能說一口標準的臺北腔臺灣話！她是一位（虎媽），有一點像是臺灣的（女酋長），一個母系社會的部落族長。人類史上男系社會為時不長，多半是母系社會，直到今天，臺灣的女性領袖人數不少，在比例上，比鄰近的國家多，比如這一屆臺灣的立法院婦女委員就占百分之四十。她已在美國人文薈萃的波士頓居住三、四十年，並未窩居臺灣花蓮、台東的高山部落裡，在波士頓叫虎媽，在臺灣就是女酋長或女巫師囉。如著名的女歌手張惠妹（A－MEI）就是其中的一人，她常帶著她爸、媽及其他親屬一同上臺引吭高歌。

　　我母親臨終時，能找到千里之外，仍在睡覺中的我。家姊在她瀕臨最後的時段時，凝視著我，仍充滿關懷之意。我還有一位妹妹與我親善，小時候我們一道走路上學，我很快的把我的糕餅吃完，要她拗一小塊給我，她乖乖的分給我吃，一連幾年，除了血脈相連，像這樣一小塊一小塊的搶食她的糕點的時候，我們相互間產生了的緊密的（連結），我會一廂一廂的還給她，幼時欠她的糕餅。

　　我大姊夫余博士的喪禮甫於臺北一家天主教堂舉行，參加彌撒的人不少，但娘家的人來得不多，對不起，連我自己都未出席。我外甥女因而傷心不已，為什麼娘家的人未支持她們。但那位虎媽心知肚明，如真有什麼事須大舅幫忙，他必援手相幫，娘家仍在，只是大舅也已老邁。

2018.11.14

70. 阿彌陀佛

　　視力正常，左耳重聽，早就知道了，例行檢查而已。有人說，從 35 歲到 75 歲，如無特殊狀況，健康有如一瓦一磚逐漸破碎的，但一旦年過七拾五時，則小心會整片整片的傾斜、倒塌。一年體檢兩次，這回醫生說，也要檢查腦波，護士一邊接管子，一邊告訴我妻子，（不要唸佛，不要耶穌基督，一切放空），好了，一切正常。去年她母親過世時，記憶力還好得很，在醫院修養了幾年，花了不少錢，她不想再多用錢，就留給子孫吧，於是心平氣和的嚥下最後的一口氣，有人說，這叫無疾而終，得壽正好 100。我妻子從無妄念，無奢求，腦筋清清楚楚，剛年滿 77 歲，盼她還會有一大段溫暖的晚年，祝她生日快樂。

2018.2.2

71. 鑲金包銀

　　蔡秋鳳歷久不衰的台語歌，別人的性命，鑲金又包銀，……別人講的話，金玉又良言，我要多說倆句，不久就會有事…。她以她獨特的鼻音吟唱，眾歌手最愛模仿，以誇張的腔調爭相模仿，常笑翻臺上、台下。喧笑之餘，偶而也有人心中飲泣，眼含淚水。

　　男孩要升大三了，我告訴我女兒，不出幾年，他就會遠走高飛，難以聯絡。上個月他打電話回家，說他正在（吃土）過日子，怎麼會？手機摔壞，端午節到深圳旅遊，已欠死黨阿志二千多元。他不好意思問我要，只要他開口，無須盤問，我會立刻在他帳戶內補錢。吃土過活？我確知他曾（吃菜）挨餓，回家時已瘦得皮包骨。那時候他讀蘇州竹園路的外國語學校，由學校安排，到多倫多的一所小學讀一個學期書，寄宿在一家中等收入的加拿大人家裡，爸爸人很和善，媽媽隨隨便便，家裡已有二個大男孩。我孫子常常只吃蔬菜和麵包，吃不飽。回來後，幾位老師評分，說我孫子最能適應環境。我告訴我女兒，他能伸能屈！還有，你很難把他長久留在身邊。

　　我女兒知道，孫女兒才會貼心，當她年老體衰，會噓寒問暖，會帶她去看醫生。現在我女兒花了不少時間精力，去照顧她自己的女兒，她就將遠途到北京讀大學，珍惜這段仍住在家裡，甚至同睡一張床的寶貝女兒，她撒嬌，偶而耍賴，讓她。

　　從小跟我一樣，愛看歷史書，仔細對照地圖，也愛旅行，親履斯地，親見自然奇景和人文古跡。這回是義大利，近 10 天，就在亞平寧半島與西西里島境內，帶了參考書圖，一一驗證。天天喝義大利咖啡，品嘗霜淇淋。別人往人多的地方躦，母女倆進教堂觀想。也跟我一樣，她們愛買藝術品，這一次我孫女兒買了一對精雕細刻的水晶香檳酒杯子，說是她跟她媽媽專用的，我看了心中一凜！一隻鑲金，一隻雕銀，心中回蕩蔡秋鳳的那首好歌。

　　突然想起，也該送一點禮物給幫我洗腳、按摩的師傅，她使勁，體貼的讓我鬆弛下來。她囁嚅，細聲說，從來不曾有人送過禮物給她。

2016.7.21

72. 安　妮

　　岳母走了，享齡 100 足歲，她沒什麼大病，臉上甚至連皺紋、老人黑斑都看不到，她只是老了，行動不便。她堅決不坐輪椅外出蹓躂，她說坐在輪椅上，會被人像看猴子一樣的看她，其實臺北的黃昏，在寬闊的人行道和公園裡頗多坐輪椅的老人，大賣場門口，也常見成排的輪椅老人，坐等那些推輪椅的年輕外籍看護工，跑進店裡買小東西去了。老阿公、老阿媽又不會被人偷走。

　　岳母已在一家中型醫院住了 6 年又半，住單人病房，不太吃藥，有全民健康保險，但每個月的費用仍有 5000 美元之多，那一天，她看到倆個兒子在結帳，表情不太好看，於是，她已提過多次，此刻覺得已至她真該離去的時候了，於是她下定決心，憋氣，不換氣，試了好一會，果真就嚥氣了。

　　安妮自然解僱，家屬多給了她 3 個月工資，也介紹她去照顧另一位老阿公，但她必須住進人家家裡，如此，勢必也得做些家務事，她不情願。好像正在托人找同樣的醫院工作。安妮在醫院裡只攙扶老阿媽上洗手間、沖澡，洗幾件內衣，也沖泡咖啡，老少倆人都愛喝咖啡，邊吃點心。她跟著阿媽看臺語連續劇、歌仔戲、布袋戲，以前玩臉書，現在更方便，與人賴來賴去（LINE），也不乏同在醫院病房走道間談話聊天的友伴，她也上街，老阿媽心胸寬厚，待她如親生孫女兒。

　難怪老阿媽嚥氣的時候，她也嚎啕大哭了一陣。接著幫忙送她入太平間，入殮，也參加全套告別親人的佛教法會，她是一位印尼來的虔誠穆斯林，但入境隨俗，也跟著手持線香祭拜，最後棺木推進火葬爐，家屬各撿一塊骨骸入罐，她在排在最後頭，一一照作。今天老阿媽入金寶山靈骨塔，她也尾隨而至。近一個月來，只見她臉色暗淡，不言不語。安妮是老阿媽晚年最親近的一個人。

2017.5.10

73. 洪仲丘枉死軍中（一）

　　2013 年 7 月 3 日，國軍 542 旅的洪仲丘下士，他將在 10 天后退役，突然被處罰要禁閉 7 天。洪員的直屬長官徐信正連長不同意，認為是（小題大做），他要讓他在幾天後快樂離營，但一向治軍嚴苛的副旅長何江忠堅持要關，（你不關他，我就關你）！6 月 28 日洪員被關，第 5 天猝死。

　　軍方先說洪仲丘是中暑致死，著名的法醫高大成說，是他自己要中暑，還是別人害他中暑！軍方啞然。那一天， 7 月 3 日戶外溫度 33 度 C，相對濕度 86，出操的危險係數是 41.6，屬紅旗危險範圍內。洪仲丘先做伏地挺身 80 下，又作十字交叉跳、閉合跳、仰臥起坐等，持續 60 分鐘，休克不支倒地時已手腳抽搐，意識不清。據高醫師研判，洪員死時體溫應逾 44 度。仲丘的大體於 7 月 15 日解剖，因家屬堅持，高大成醫師被允許參閱資料，並在解剖時在一旁觀看。他說，洪仲丘被禁閉的第二天，已出現橫紋肌溶解狀況，肌蛋白指數逐日猛升，第五天休克倒地。洪員送到醫院時已出現全身瀰漫性出血，急救時（灌血）50 袋，12,000CC，是正常人的三倍血液量，但此時所灌的血都進入（第三空間），已無效用。（弟弟的血在體內亂噴），他姊姊洪慈庸訴說，洪仲丘是活活被操死的！他身高 172 公分，體重 98.3 公斤，過胖，怕熱，怕操，有人挾怨整他。關進禁閉室後，他碰到生性冷酷的戒護士陳毅勳，在劫難逃。

　　17:30 洪仲丘倒地，17:50 醫官呂孟穎隨救護車來到禁閉室，他認定洪員的生命跡象已十分微弱，18:00 衛生連長夏自強下令急送醫院，18:08 救護車離開軍營，18:20 抵 813 醫院，18:30 輸液，18:48 院方說須送醫學中心，20:10 離開 813 醫院，自新竹向臺北的三軍總院疾行而去，20:46 分急救失敗，不幸死亡。洪員倒地時，他面目猙獰，狀至痛苦。他不該關，不必關，但在事發後至少部份軍中同袍全力搶救他。

2013.7.19

74. 洪仲丘（二）

6 月 26 日，洪仲丘參加（離營官兵座談會），當面向 542 旅沈威志少將放炮，他說了許多話，第四點，其實只是小事，但特別招怨！他說，旅部連（內務很亂），結果沈旅長第二天就來檢查內務，果然很亂，老兵們很不高興，結果由老鳥范佐憲下士、陳以人士官長集合其他志願役的老兵，舉行（士官評議委員會），以 6 比 0 決議將他關 7 天，讓他吃足苦頭。禁閉的理由不能說是因為洪員向旅長檢舉他們沒疊好被褥，是以洪仲丘違規攜帶有照相功能的手機為由懲處。沒有合格的體檢報告，沒問能否適應禁閉生活？未經（人事評議會）通過，直屬長官徐信正連長也不同意關人。但活躍、惡劣的範佐憲操辦一切，終於把洪仲丘關起來啦。事發後副旅長何江忠少將也成了第一個被押的高級軍官，葬送前程。

副旅長何江忠生性驃悍，屬下犯錯，絕不寬貸，但他帶過的部隊，都相當精實。郝柏村一代軍頭，治軍嚴屬。李登輝時期的湯耀明，綽號（湯要命）。國軍至今風紀不錯，並不像某些人所說的亂七八糟。出事時國防部長高華柱人在國外，一回家，立即大規模懲處，全軍劇烈晃動，他也是一付鐵面、冷酷的模樣。經此事件，軍中事務公開在全台民眾之前，全民監督，或許可以說，洪仲丘小兵立大功。洪仲丘成功大學碩士班畢業，聰明、熱情，不幸沖犯小人致死。

　　7 月 16 日，洪家人到臺北，在軍事偵察庭中看錄影帶，他媽媽胡素真身心疲憊，睡著了。（仲丘仲來入夢，他走進偵察庭微笑地看著我，我要抱他，他卻消失了。他面相平安，說他放下了！）軍方須賠償巨額撫恤金。

2013.7.20

75. 洪仲丘（三）

7 月 20 日，先前估計會有 5000 人到場，但來人甚多，一度多達 30,000 人。他們在凱達革蘭大道總統府，也是國防部前集合，一大群年輕人身著白色 T 恤，頭套各式各樣的白色面具，一齊踏步，高唱改編過的軍歌，也吹起床號，要國防部的軍事首長們醒來，接受他們的陳情書。副部長楊念祖接下陳情書。入夜，逾一萬人移師附近的立法院，地上鋪有一張放大的洪仲丘軍裝像片，他們層層圍繞，各持一盞白蠟燭，追悼枉死的洪下士，螢光迷亂。在南部的成功大學，也有數千校友手持蠟燭及白花聚集追思。有同學把一把白花拋向遠來的楊念祖頭上。

陸軍 269 旅政戰部主任陳毅銘，涉嫌下令刪除禁閉室附近關鍵性錄像帶 80 分鐘的畫面，要替部屬卸責，不幸事情擴大後，救人不成，自己也落難。軍人犯罪，自應由軍法單位依據軍法審理，但如《陸海空軍刑法》沒規定的部份，如（湮滅證據）罪，則由普通法院審理，陳毅銘已被函送桃園地檢署偵辦。542 旅與 269 旅營區毗鄰，共用一部份設施，542 旅無禁閉室，被禁閉者須送 269 旅執行，陳毅銘因此受波及。

國軍 542 旅、269 旅都是坦克裝車勁旅，配備精良，訓練有素，如今因洪仲丘事件蒙難，受到重創！軍隊須嚴格訓練，才有戰力，才能打勝仗，但管嚴了，難免死傷。洪員堪憐，但軍隊必須保全。馬英九將帥無能，累死三軍！出事後，他只有（膝蓋反應），可歎。

2013.7.22

76. 洪仲丘（四）

　　臺灣在蔣介石時代全民皆兵。1952 年老蔣還拼命從韓國要回 14,000 名（反共義士），他們是（抗美援朝）志願軍，前平津國軍司令傅作義的舊部，被（聯軍）所俘，來台組訓後，老蔣想把他們送去（反攻大陸），他希望軍隊越多越好。之後臺灣人口快速增加，不愁兵源，又以（反攻）無望，逐漸採用精兵政策，軍隊漸少，但迄今臺灣多數人家還是有年輕人在營服役。洪仲丘在離營前夕，被人挾怨（操死）！自然引發公憤！洪下士枉死軍中，各媒體日夜談論，如火如荼，迄今二十餘天，仍無止歇跡象。

　　國防部長高華柱風評不錯，因洪案提早離職，文人副部長楊念祖扶正。楊擅於溝通協調，且任職已四年，盼能勝任艱巨。臺灣于施行國防二法後，軍隊所有的資源配置與人事升遷都由國防部掌握，參謀本部僅為作戰指揮單位。臺灣漸進入（文人治軍）階段。

　　資深國民黨立法委員丁守中是軍系立委，也是台大政治系兼任教授，他說，（軍事檢察）、（軍法審判）都隸屬國防部行政體系之下，違反（行政・立法・司法）三權分立的原則，且軍隊有（連坐）懲罰規定，軍檢自然不敢偵辦上級違法案件。應立即修改《軍事審判法》，軍人于承平時期犯罪，除涉及國防機密之特殊案件外，應交由一般法院審理，以昭公信。

軍檢於 7 月 31 日起訴嫌犯，多達 18 人，542 旅旅長、副旅長都成被告，但也有（似無關連）的約 10 名下級軍士在內。軍事檢查官似有勇無謀，表現不佳。

馬英九在事發之初，不經調查，便定調為（管教不當），等到遍地烽火，民怨不可遏止，才改口（凌虐部屬，過失致死）。馬英九的女婿藉詞逃避臺灣兵役，馬家姐妹多持美國護照，據說他妹妹的兒子還當美國兵，在美國軍校就讀，他說，他對洪仲丘不幸死亡事件（感同身受），許多人聽不進去。

洪案有如七級大地震，撼動整個臺灣！震垮許多老舊建築物，也洗滌人心。比什麼大陣仗的海空軍聯合大演習更具效果，臺灣在苦難中繼續前進。

2013.7.31

77. 洪仲丘（五）

　　多數民眾指責軍事檢察官尚未查明真相，便草率起訴，而起訴書內竟以許多文字敘述洪仲丘諸多不是，說成他是一個不受人歡迎之人，好像死了活該的樣子！軍方事發之初，無意懲治違法人員，只盼事情快速冷卻、落幕了事，那知此案竟彙聚了極大的民怨，比（核四鳥籠公投）、服貿協議之（黑箱作業）、

　　大埔（強拆民屋事件）更盛！軍方及執政的馬團隊灰頭土臉，未能成功把洪仲丘就地掩埋，淺葬了事了！

　　起訴書不但說洪仲丘人緣不佳，觸犯長官。又暗中在媒體放話，說遺族可得撫恤金達一億元，暗示洪家是為錢鬧事。那位曹少將，軍中最高檢察長，不知怎麼升上來的，思路不明，口齒不清，偏偏（勇於）面對鏡頭，不論記者問什麼事，只反復說幾句同樣的話。禁閉室內外有 16 支攝像頭，但查出有 80 分鐘畫面漆黑一片，疑遭刪除，曹將軍回答：（完全沒有畫面，完全沒有畫面，完全沒有畫面，……）連說六次之多！民調顯示，只有 11% 的臺灣民眾相信軍方的起訴書。

　　馬英九先說軍中（管教不當），改口（過失致死），再改口（虐殺），完全看氣象行事。他第一次到洪家慰問，摟著洪仲丘的母親講幾句空話安慰，說著說著便習慣性

的伸出手，擱置人家腿上。洪仲丘的姊姊洪慈庸是一位
高個子的未婚美女，她當洪家代言人，贏得民心。（不沾
鍋）竟然也把手伸到人家腿上，以致越遭人鄙視。他 13%
的滿意度已降無可降，原來已觸底，（坐礁）了。

　　新任文人國防部長楊念祖說，國軍 10 年來一共意外
死亡 1392 人，其中確有不當處罰致死案件，要積極防
止。楊部長又說，（起訴）不是事情的結束，而是追查（真
相）的開始。楊到洪家，不僅上香，鞠躬，還真要看望
存放在冰櫃中的遺體，他說請仲丘保佑洪家，保佑事情
（真相）早日釐清，楊部長于 8 月 6 日去職。

　　洪慈庸說，弟弟的魂魄好像沒有回到家，尚未為他
進行招魂儀式，但洪家已定 8 月 4 日出殯。他們不要政
府頒給洪仲丘的旌忠狀，不必追升中士，告別式拒依軍
禮。軍中蠢蛋群又碰了一次硬釘子。

　　在全民皆為（偵探）的情況下，事情真理應能水落
石出，譬如，陳以人及范佐憲曾買 8 杯珍珠奶茶請客，
要 813 醫院火速提出一份洪仲丘的適於禁閉的體檢表。
陳以人及範佐憲找林筱萍護士串供，說是林小姐付錢請
客。如今，已查明林護士只是墊錢，三百多元的費用已
由陳以人士官長還給林小姐。8 杯冷飲，陳、范、林各
一杯，還有五杯那裡去？

　　7 月 31 日軍檢起訴，8 月 1 日軍事高等法院立即開
庭，當庭裁定在押的副旅長何江忠少將以 30 萬元交保，
連長徐信正以 25 萬元交保，上士范佐憲以 20 萬元交保，
戒護士陳毅勳以 15 萬元交保，全民大嘩。（公民 1985

行動聯盟）號召 10 萬人上街抗議，據他們自己說，穿白
色 T 恤的白衫軍竟然聚集了 25 萬人之多，他們一齊至
總統府前抗議，前所未見。

2013.8.7

78. 洪仲丘（六）

洪家依照農民曆行事，擇定 8 月 4 日出殯。（公民 1985 行動聯盟）號召民眾到總統府廣場聚會，送洪仲丘一路好走，也向政府要真相，不讓洪下士白死！

公民 1985 行動聯盟甫成立不久，是由 39 位素不相識的線民自行串連成立，有醫生、律師、學校老師、平面設計師、咖啡店老闆、服飾店店員，隨著洪案發燒，不斷有人自主性加入，成員已逾 60 位，平均 30 歲。

他們甚至相互不認識，每天晚上 10 點，同時在網上視訊討論，往往忙到清晨 2、3 點才能上床。此團體政治上親綠，但不顯著，是一個新時代的公民運動，他們在 7 月 20 日已成功號召 3 萬人聚攏在國防部抗議。這回呼籲 10 萬人到凱達格蘭大道為洪仲丘送行。那一天大家身穿白色 T 恤，頭紮（國防布）黑頭帶，攜帶（公民之眼）圖板，上面畫出一隻憤怒出血的眼睛，寫著（全民正在看著你），是臺灣史上僅見的特大公民運動。

預定的集會時間是晚上 6 點到 10 點，但一早便陸續有人到場，下午 3 點，密密麻麻的人潮已擁擠到台大醫院、愛國西路、徐州路、中山南路一帶，到 6 點時，估計湧入 25 萬人，創下新紀錄，比之前有過的大集會，如紅衫軍、白玫瑰、反核遊行都多。無人僱用大巴載人從中南部來，無人發便當及冷飲，無政黨公開動員，民眾的心中的怒火，自行在街頭燒出熊熊烈火，在熾熱的臺北盛暑，飄下濃濃的白色哀思。入夜，他們便以手機的螢光照亮大地。有一位孫攝影師努力攀爬到上鎖的台大醫學院頂樓，拍得一張十分壯觀、耀眼，足以得大獎的一幀如（十字架）一般的閃亮大照片，此十字架的縱軸是總統府到仁愛路，橫線是中山南路，以景福門城堡為十字交叉點。一瞬間，CNN 等國際大媒體都轉載此張圖像，讓世人周知。別說臺灣，就算全球，也難得竟會聚集 20 余萬人，只為追弔一位枉死的一名士兵。

　　總統府塔樓，被人以鐳射燈照出一個（冤）字，一個巨大的冤情，臺灣民眾要（真相）要（人權），白衫大軍的訴求，馬統帥，曹將軍等人做得到嗎？

2013.8.8

79. 洪仲丘（七）

　　2013.8.4 洪仲丘遺體移靈大甲火化場火化，骨灰罈暫厝南投名間萬丹山靈骨塔。洪仲丘的母親在白衫軍聚會中說，（希望大家不要憎恨，和平送仲丘離去）。她跟她弟弟胡世和都要求政府保護家人安全，顯然也有人痛恨洪仲丘及其家人。

　　告別式由馬英九到場主祭，他入場時，洪仲丘的成功大學校友團，要求馬英九（排隊）！有一百多名鄉民大叫（馬英九下臺）！還比出大拇指向下的不雅手勢。軍方送來（旌忠狀），追贈勳章，追升中士，但洪家不領情，送給（資源回收）車。軍方主要將領送來的挽聯及名牌，被棄置一旁，不需要！該做的事快做！

　　《軍事審判法》速修，於 8 月 6 日，立法院僅費時 2 個小時，便三讀通過，將承平時期的軍人犯罪，回歸一般司法。不分區立法委員，前陸軍司令陳鎮湘曾大聲反對，如今噤聲。一般法院處罰較輕，審理費時，以致軍隊較難掌控，但這是大勢，難於抗拒。郝柏村也大叫，洪案造成軍心渙散！目前臺灣已陷在（無領袖）狀態，由於馬英九的無能，臺灣全面性遭殃。馬英九在 2008 年競選第一任總統時便以（募兵制）作為政見！是深思熟慮後的決定嗎？做好了相應的繁重的準備工作了嗎？

2013.8.8

80. 洪仲丘（八）

　　洪仲丘出殯了，告別式備極哀榮，有 25 萬白衫軍齊聚總統府廣場送行，頒他一大塊，長寬各逾 300 公尺長的巨型閃爍十字勳章。立法院有效動員，僅費時 2 個小時，修改《軍事審判法》，將軍人于（非戰時）所犯的罪刑改歸一般法院審理。行政院設置（軍事冤案申訴委員會）。洪仲丘小兵立大功！如要身後追獎他，宜在（228 和平紀念）公園裡為他樹立一座頭像。

　　陸軍 6 軍團 542 旅闖下滔天大案，然而沈旅長、何副旅長、徐連長等人的公眾印像不壞。542 旅還做了一件出乎預料的好事，在洪仲丘已群醫束手，頻臨死亡，洪母要帶他回家（拔管）的時刻，部隊裡選派了一位排長護送，此後近一個月，他都在洪家工作，他一到洪家，竟如洪家一份子，忙裡忙外。洪母、洪父還有其他親戚、鄰居都喜歡他，排長有時要半夜或凌晨才回到洪家，洪母乾脆打了一付鑰匙給他，讓他自由出入。他部份填補了洪仲丘冤死的喪痛。

　　洪家其實是軍人家庭，洪仲丘有一位哥哥在當志願役軍官、洪仲丘的弟弟剛大學畢業，即將入營服役。臺灣的軍人待遇好，比普通公務員還好，一名少校軍官的正常月薪是台幣 71,135 元，折合人民幣逾 16,000 元。

臺灣三軍現役軍人只有 20 萬略多。但當兵要耐操，平時要留宿軍營，行動不自由。洪家婦女習于丈夫、兒子、爸爸常常不在家的日子，這也造成她們獨立自主。

　　洪案已喧騰一個月，有 25 萬人上街，國防部連換二位部長，軍事審判改由普通法院處理，其動盪之鉅，前所未見。

2013.8.13

81. 洪仲丘（九）

洪仲丘一案，已迅速移轉至桃園地檢署及桃園地方法院分別審理。法院設軍事專業法庭，有 8 位法官。檢察署也設立專業小組，也有 8 位檢察官。8 月 15 日，238 名軍囚大起解，分別移監到各地 11 處普通監獄。軍囚中有三名中將，犯貪污罪的前六軍團程司令、前中山科學院陳院長、前憲兵何司令，他們帶手銬腳鐐移監，洪案使他們再次蒙羞！前陸軍少將、資訊處處長羅賢哲的刑期最重，是無期徒刑，他偷賣臺灣的極機密資料給西岸的解放軍！

軍法案件一年約 1500 件，有約 400 位軍法官（含法官及檢察官）。他們的素質顯然不如一般法院的同業。像軍中最高檢察長曹少將，顯然並不合格。多數軍法官此後將成軍中冗員。

2013.8.17

82. 洪仲丘（十）

　　真相逐漸揭露，卻換來更多的淚水、驚惶和無奈。桃園地方法院於 8 月 23 日開（羈押）庭，庭訊 6 小時，副旅長何江忠、連長徐信正、上士范佐憲再次收押，三人上銬，上囚車，送回看守所。

　　何江忠與妻子攜手，從容自信，聽到羈押，仍直挺不動，是條漢子！何妻當場大哭，但立即克制，目送丈夫離去，一臉灰黯之色。連長落寞，本來就是一位英俊男子，更加惹人注目，他大步離開，家人泫然欲泣。範佐憲早已觸犯眾怒，甚至已被（妖魔化）！但迄今二個月，也找不到他有何（大惡）！范聞訊發抖，妻子突然發瘋一般，在雨中狂奔而去，那管紅燈、綠燈，連闖幾條快車道。二個小孩落在後頭，也跟著慌亂快跑。

　　洪仲丘死不瞑目，怨氣沖天！連玉皇大帝還有閻羅王都已看到聽到，仲丘請息怒，請安歇。聽說他在受虐不支倒地，手腳抽搐時，還在囈語般的大聲幹譙！

　　洪姊洪慈庸說，她感激桃園法院明察秋毫，所做的收押決定。但也說，她並不喜悅，因為她也看到被告家屬們的眼淚和苦痛。

　　軍方要儘快辦好撫恤，（國賠）也要快。軍中應更加注重人權，並建立保障制度。國防部、法務部、立法院都已快速反應！盼傷痛早日撫平。

2013.8.25

83. 洪仲丘案判決（十一）

　　經過半年以上的縝密審理，2014 年 3 月 7 日，桃園地方法院將 18 名被告判處有罪。首當其衝的徐信正少校連長判 8 個月，沈威志少將旅長 6 個月，事發後被許多人（妖魔化）的軍士范佐憲也是 6 個月。面貌嚴屬，在盛暑中強硬（操人）的戒護士陳毅勳也是 6 個月，但他能（易科罰金），可免實際坐牢。

　　洪仲丘家屬認為法院輕判，頗有不滿之情，也有不少民眾認為判得太輕了，不符合社會的期待。承審的合議庭由鄭吉雄、丁俞尹、許菁樺三位法官組成，宣判後說明：陳毅勳上午硬操洪仲丘，但洪仲丘午後仍活動自如，並無熱衰竭或中暑的情況，所以陳是藉勢（凌虐）而已，不算（凌虐致死）！至於連長、旅長他們所犯的罪是（不該關）而關人的妨害自由罪，軍中一向不認為是什麼嚴重的壞事。所有關注這件刑案的律師、記者及相關人士都同意，鄭吉雄審判長審理此案極為辛苦、認真。檢察官以及被告們都可以上訴。

　　洪仲丘一案造成國軍重大震盪！軍中應重視人權，但軍隊不容摧毀，盼傷痛早日撫平。

2014.3.8

　註：洪仲丘姊姊後來被選為立法委員。

84. 銀紋沿階草

　　早上，學生多數還沒出門，花草上還沾著露珠。我到轉角處買幾份報紙雜誌，隔壁有個小小花圃，有幾位隔壁的隔壁，那座寬敞佛舍裡的比丘尼在掃除落葉，身材修長，著一襲銀灰長袍，她們年齡相近，姿態幽雅，怡然自得。

　　三、四十年前，一位原工作上認識的女郎，台大畢業，加州 UCLA 的碩士，慢慢的，蘇小姐會跟我談起她個人的問題，她有煩惱，人人都有煩惱，她不特別嚴重，直到有一天，她平靜的告訴我，也向我說再見，她將在幾天後啟程前往尼泊爾，落髮為僧，學梵文，讀佛經，一切都已想透，只來說一聲再會，談了一個多鐘頭，也沒什麼怨尤，不知她母親怨不怨恨，她兄、嫂如何。她住她哥哥家，他現為台塑集團最高管理階層中之一員。

　　那時候她在大道工程公司上班，成了那一位著名美貌女大企業家的秘書，倆人投契，一起學起佛來。有一年達賴喇嘛來訪，她特地佈置一廂高鐵專車，供活佛往來臺北高雄之間。最近她向臺北市長柯 P 索賠 2 億元，說市長草率叫她停工二個月，一個月損失八千萬，她說她承包的那一個工程，並無安全疑慮，市長不分清紅皂白，勒令全面停工，害她受損。柯 P 說她是一位（有趣）

的企業家，他試過幾次，想延攬她當副市長，用膝蓋想也知道，她不會答應。她經常一身高貴黑色套裝，唇紅齒白，美如一叢芍藥。

　　銀紋沿階草，在散步小徑，在階梯邊旁蔓生，百合科，葉片上有沿著葉脈垂直生長的銀白色斑紋，株高 5 至 30 公分，生命力旺盛，不怕踐踏折損，四季常綠。看見尼姑掃地，蘇小姐別來無恙。

2015.6.1

85. 一枝草一點露

　　明華園歌仔戲團，由孫翠鳳扮演白蛇精，有一次在戶外演出，居然一下子湧進 15 萬名觀眾。原流轉於各地寺廟口的流動野台戲，早期與乞丐、苦力為伍討生活，如今已能在國家劇院，以及世界各地隆重演出。

　　水淹金山寺，有人用布幔代替千江萬水；有人用液晶大銀幕與紗幕投影，加上交響樂團配樂，製造浪濤洶湧的聲光效果。明華園則真槍實刀，調來 16 輛消防車，把 400 噸水急速加壓，噴出達 15 層樓的高空，而一身純白華服的孫翠鳳，便突然從 100 米高處現身，降落人間，與情人相會。大水來襲，水火交加，大批演員口含煤油，噴向手中火把，一時間有如火山爆發，20 秒內一起熄滅。配樂的不僅是自家的鑼鼓喧天，團長陳勝福號召而來的京劇、豫劇、打擊樂團等各路人馬，一起賣命演出，聲勢磅礴，有如末日來臨。

　　最後，大面積的天降甘霖，如霧一般的微細水珠普遍降落在 15 萬人的頭髮、衣服上，人人有份，這就是臺灣話的（一枝草一點露），意思是說，就算最貧苦可憐的人，也能得到老天爺照顧。

2009.3.3

86. 剃光頭

　　臺灣彰化有一婦女，因她丈夫動不動就暴打她，她帶著4個幼小的孩子離家，那時候，最大的孩子才剛上小學，她拼命做些小生意，養家活口，也供小孩子讀書。三年前，她罹患乳癌，她受此驚嚇，想把4個孩子都送人撫養，她剛說完，母子五人抱作一團，放聲慟哭，不願分散，鄰居與社工人員勸住她。她割除病灶，並接受化療，體重從82公斤掉到55公斤，頭髮掉光，煎紅薯為生的蕭媽媽成了一位罕見的中年光頭。半年前，讀專科學校汽車科的老三鈺隆，在半工半讀的情況下，還得到一筆台幣2萬元的獎金，但隔三個月，卻在健檢時被診斷罹患淋巴癌。蕭媽媽痛哭，怪她沒能照護好自己的孩子，鈺玄、荷融兄妹們也一起哭倒在地。放過假，鈺隆理個大光頭回到學校，同學們以異樣的眼光看他，但不久，有同學剃個小平頭相伴，再不久，竟有十多位同學也剃光頭相挺，頭髮還會再長出來呀！情義相挺，伴君走一段難走的不平之路。

2015.4.30

87. 巧克力糖

哦，想起來啦，還欠你一盒巧克力，
　（嗯。……）回音低啞。
天氣熱了，巧克力會黏手，送你一盒漂亮芒果，
　（……讓你欠著，你不會久欠不還呀！）音調高啦。

哦，真想起來啦，就因為…久欠不還，以至永遠還
不清楚，以至讓她成了我妻子，如今已四十餘年。

2012.6.23

88. 鹽罐子放在哪裡

● 怎麼等你這麼久，最後一個出來。
○ 你沒擁抱我。
● 很久不見了。

▲ 喂，鹽罐子放在哪裡？
○ 你連鹽罐子放哪裡都要問我，奇怪耶。
　廚房才多大？都好幾年了。
▲ 聽聲音，你好像不在國內。
○ 是呀，在上海，怎樣！
　看看會不會收進抽屜裡了。

● 記住原來位置，（全電動座椅）要恢復原狀。
● 我太太只讓別人（借坐）一會兒。
　你四面八方的電動一番，她一上車就會知道。
○ 買一輛車子給我！
○ 咦，這一輛是什麼車子？
● 你不認 Logo？這台車在東京賣二千多萬。
○ 你發財了，分一半財產給我。
● 呵呵，你在頭等艙裡喝了什麼酒？

　　　　　　　　　　2013　暑假

89. 荷風大罐

○ 也沒問我，就帶我進房間。

● 剛在大廳，幾十個男人眼睛盯住你看。
　喝杯咖啡。

○ 我來泡。

● 我要威士卡，你要嗎？

● 沖水，泡澡鹽。

○ 幫你擦背。

● 說要開車，買了沒？

○ 剛開上大馬路，大碰一聲，撞壞了。
　他匆忙趕來，我讓他處理。我說這個車子我不要
　了！

○ 我爸旅行回來，我把店裡一隻荷風大罐賣掉了，
　50 萬。
　我爸吃一驚，那東西一個只要 5 萬塊。

2013　暑假

90. 緣木求魚

你爬蘋果樹採梨？

對呀，老家的幾棵果樹長在一起，從這棵樹上摘下
那一棵樹上的那一顆大梨子。

種瓜得瓜，種豆得豆。

不一定，下大雨，出大水，一下子全淹了。

大水退後，大樹枝椏上吊著二條魚，

緣木求魚。

又檢疫再檢疫，把四只當中的二隻哈巴狗從臺北帶
到東京。

一天黃昏，一個人在巷弄轉彎處漫步，

一個慌張的倒楣男人撞死了別人的一隻寵物。

那位美女倒地大哭，

眾人都說是他不對！

他賠的錢比他買車子的錢還多一些。

2013 暑假

91. 相　識

　　蘇州，有二千五百年歷史的古老城市，在近二十年的超速建設中，聚集了大量的臺灣、日本、韓國和歐美工廠來到此地。特別是資訊產業。於是有了中國的矽穀（矽谷）之稱，是一座頗多古跡、古物的現代化城市。

　　在蘇州的一處熱鬧街道間，在斜陽照射的一座茶室裡，一男一女，一老一少，坐在木椅上閒聊。女的二、三十歲，實際可能年輕些，再看一眼，赫然一位妖嬈美女。男士是個白髮老人，意態優閒，肩披一條高貴圍巾。

　　找不到鉗子，她把堅硬的核桃用嘴咬開，她有一口潔白的好牙，剔出沾著口水的核仁，倒進身旁男人的手裡，她嬌媚淺笑，看著他，仿佛正在餵食她自己的幼兒。

2009 春節

92. 外地小孩

　　臺灣的外籍配偶近四十萬人。外籍配偶多為女性，其中的三分之二來自越南、東埔寨、印尼、菲律賓等東南亞國家，其餘的是大陸同胞。2004 年，臺灣的新生嬰兒計 216,419 人，臺灣媽媽生了 187,753 人（占 86.75%），大陸媽媽生了 11,206 人（占 5.18%），東南亞媽媽生了 17,460 人（占 8.07%）。在 2005 年以後，外地媽媽生育的嬰兒人數略有減少，因為外籍新娘減少了。

　　據臺灣大學醫學院的研究報告，東南亞媽媽出生的初生嬰兒，早產的天數較少，體重也重些。但誕生時雖然比較健康，卻在其後的嬰兒發展上，包括：發出笑聲、對主要照顧者微笑、自己翻身、東西換手拿、肚子貼地爬行等指標上落後。就零歲至六個月大時發展遲緩的問題，許多人意見不同，引發爭論。（臺灣南洋姊妹會）的秘書長吳紹文說，五項參展指標是依據僵化的主流文化，甚至是（漢人文化）所訂，不能據以論定新移民子女有發展遲緩的問題。如（對主要照顧者微笑）一項，吳紹文說，移民嬰兒多由一家人共同照顧，沒有明顯的（主照顧者）。

　　新臺灣嬰兒逐漸長大，上學了，在學校中的表現如何？據臺北縣一項長期的調查證實，新移民子女和一般孩子在不同科目有不同的表現，語文一項，很快追上；數學和英語則隨著年級升高，也能拉平，甚至超越！

　　臺灣是個移民者的地方，人種混雜。過去如此，現在也一樣。目前新出生的臺灣人中，有約百分之十三是外地媽媽所生。這將保證臺灣人繼續保有其特性和競爭力。今年春節，我們祖孫三代人同往廣州和深圳旅遊。深圳到處都是活潑的年青人，而其相貌各異，全國各地方的人都來了，都參與了深圳這二十多年來的驚人建設。反之，在廣州，在熱鬧的步行街，我們所看到的眾多年青人，衣著打扮是流行的，但身材面貌卻高度相類似，莫非他們僅在族內傳宗接代？他們排外嗎？廣州市有許多有歷史的漂亮洋樓，有當年享有大優勢的（廣交會）。廣州美食是好的，但過度烹飪的食物，也會被力求自然的食物取代。喜歡生菜沙拉的人愈來愈多，喜歡廣東茶食的人很難增加。外地小孩，可能成為來日的骨幹。為了怕外地小孩搶奪本地小孩的位置，以各種明或暗的方法截堵，則會更快的喪失活力。

　　娶外地新娘的臺灣男人，約有三分之一屬弱勢族群，包括老年退伍軍人、身心殘障者和低收入者。這些男人花錢聘請來的外地新娘，自然其條件也好不到哪裡。其餘的一大部分，如台商從大陸帶回臺灣的大陸配偶，則有不少過著愉快的生活。只是好事不出門，壞事傳千里。一般人聽到的多屬負面消息。

2009.2.20

93. 問　路

　　我喜歡開車到處跑，先環繞著太湖轉，越跑越遠，浙江、蘇北、安徽，遠至福州、青島等地，就我們老年夫婦二人，一邊看地圖，一邊找人問路，都已去過多次。我不止要從臺北看蘇州，也想從中國大陸各地看蘇州，這樣子才能免於“坐井觀天”。

　　問路的時候常碰過二個問題。首先，被問的人如果自己也不知道怎麼走，他往往會亂指一通，不願意說：“我不知道。”好像“不知道”這三個字一出口，他便矮人一截似的。第二個常聽到的頭痛的回答是，他告訴我，向南（或向北向東向西），我正在暈頭，根本不知道東西南北，這樣子的回答等於沒有回答！我請他告訴我“向右轉或向左轉”，不料他面有難色，他說這裡的房子多“坐北朝南”，教我如何辨識南北方位。我還是弄不清楚，他只好告訴我，在前面第二個紅綠燈處，向右“手”轉，然後……向左“手”轉。哦，原來如此。

　　〈說明〉大陸在 1957 年反右（走資本主義道路）翌年反左（教條主義）。在文化大革命期間，反左反右更形嚴重。而且左、右難以分辨。既然左也不是，右也不是，大家儘量往中間擠，免於遭殃。對一個慎言謹行的人，尤其是那些力爭升官的中階官員，向右轉只好說成向“右手轉”啦。

　　　　　　　　　　　　　　　　　　　2007.5.21

94. 同　情

有人乘機車回家，被員警攔住，
（看你臉紅紅的，來吹一下氣），
（拒絕酒測要罰 9 萬元哦）！
再也推不掉，一吹氣，透明的管子顯現紅色。
（0.46，你已觸犯公共危險罪！標準是 0.25）
員警要他把機車停進停車格，上警車，到派出所做
筆錄。
（同情一下啦！我昨天剛繳了 7 萬多元罰金）
（機車停好，上警車），
（同情一下啦！我會妻離子散！）已聲帶哭泣，
（我同情別的用路人），員警堅硬。

2018.1.12

95. 同性婚姻

　　莊靈笑呵呵，這一位臺灣老文化人，咧嘴大笑，對其他同學們說，他剛做了施正義的導盲犬，牽他跨過仁愛路的寬闊馬路。國父紀念館中山畫廊內正在舉行莊靈的父親莊嚴先生120周年紀念展（一生翰墨故宮情）。他們幾個台中一中的同屆校友今天來到此畫廊，聽完莊靈3個小時的認真導覽，來到對街一家名店吃牛肉麵。我剛摘掉白內障，並置換眼球水晶體，帶一付盲人常用的大墨鏡，過馬路需人扶持。莊靈在人群中牽著我的手，跨步斑馬線，老莊說，別人會當我們是同性戀，我說，挺同，老莊哦了一聲（挺同）。兩天後，臺灣立法院將三讀《同性婚姻法》。

　　有數萬名力挺（同性婚姻）的民眾在立法院前聚集，他們揮舞彩虹旗，大聲吶喊，期待立法委員們支持他們的主張。全國有254對同志戀人正焦慮等待，一俟法律通過，他們即將到戶政事務所辦理結婚登記。2019年5月17日上午，立法院三讀完成婚姻專法。立法院內外響起一大陣歡呼聲。外國媒體即時報導此條新聞，多表讚揚，英國外相韓特（Hunt）推文向臺灣道賀。日本人及韓國人自慚落伍，多家主流媒體呼籲迅速複製臺灣的成功模式。

　　此一件法律的審查，竟打破了民進黨與國民黨在立法院內一貫的涇渭分明，有 12 位南部選出的民進黨立法委員，不顧党的決策，（跑票）反對同婚，但同時也有以蔣萬安為首的 7 位國民黨年輕立法委員違反黨紀，贊成同性婚姻。最後以 75 票，逾三分之二的多數通過挺同法律。臺灣朝向文明再跨一步。

2019.5.18

96. 階　梯

　　今年九月改建新區的索山公園和獅山路人行道，許多人誇讚修得漂亮。我就住在索山公園旁的一座大樓裡，居高臨下，俯視一大片彩燈裝扮的亭台、樹林和池塘，真的有如童話書裡的綺麗圖畫一般。晚飯後跟太太下樓散步，卻被人行道上眩目的地燈照得睜不開眼睛，小心翼翼的走過臺階，一進公園廣場，地燈更密更刺眼，簡直要瞎眼了！為了避開討厭的亮光，我們儘量靠邊，靠近草地，不料我一腳踩空，摔倒在地，我太太趕緊過來扶持，也一下子跟著直挺挺的重摔倒地！原來，在水泥地面與草地之間有一道連視力最好的人也看不見的凹溝！人在上面的時候，誤認那是一處可以愉悅散步的地方，身臨其境，哪知竟是一塊險地。

　　蘇州處處有階梯，官府及自視為官府的機構，讓訪客低著頭謙卑的拾級而上。連一般的住宅、辦公樓也設置階梯，公眾出入的地方如運動場、公園、車站、馬路也往往鋪設階梯。蘇州人不顧殘障人士的權益？事實上許多人行道上也鋪有盲人凸點步行線，但我從未在蘇州街上遇見拿著拐杖走路的盲人。如果盲人膽敢在新區或工業園區的新闢馬路上走路，極為危險。因為馬路很寬闊，紅綠燈也快速轉換，別說瞎子，一般明眼人也得提高警覺快走才行。說穿了，那種馬路是為有車階級建造的。

　　民國初年，有知識青年要打倒孔家店，掃除舊文化、舊傳統及其他老舊的事務，然而一再努力的結果，即使以戰爭及嚴酷的鬥爭方式，也未能清除的東西，應該是合乎人性，且能適用於環境的產物了？周公制定的禮樂制度，經孔孟大力宣導的儒教，然後于漢武帝時董仲舒的"罷黜百家，獨尊儒術"，其實講的是貴、賤、親、疏間的等級倫理規範，社會是有階級的。為了治理一個龐大的國家，中央集權是必要的？為了便於管理，須有金字塔型的統治機構。而儒教、儒術乃暢行二千年而不衰。"階梯"是階級的諸多表現之一。門檻、門第、門戶等詞，其文義與階級相近。我于1992年剛到蘇州投資的時候便感受到"孔教"之深入民間，根深蒂固。據說中國此後要履行"基層民主、黨內民主、三權分立"。果如此，周文王、周公他們"天子、諸侯、卿、大夫、士、庶民"的階級論，以及董仲舒的"君為臣綱、父為子綱、夫為妻綱"便真正要被淘汰了。

2007.10.31

97. 平均主義

　　許倬雲寫的"萬古江河"，有關"明代的市場經濟"乙節，他說："綜合觀察明代中國的工藝水準，環視當時的其他文明，可謂遙遙領先。不過，中國手工業不能進入後來歐洲出現的工業化，實是值得深思的課題。……簡言之，中國傳統的知識份子與生產事業脫節，以致學術與工藝之間，缺少彼此刺激的機制，也許，這是明代以後，中國終於在工業化方面脫隊的原因了。"

　　我是工商界中，一名中小企業的企業主，以一個生產業者的角度而言，我不能接受許倬雲的解釋。從事生產事業的人不讀書嗎？沒知識，無學術嗎？咸豐《南潯鎮志》中有一句話"書聲與機杼聲夜分相續"。紡織工業最興盛的蘇州、盛澤一帶，或棉織工業密集的常熟、無錫周邊，是讀書風氣興旺的地區。那些成功的老闆們（或作坊的主人或稱之為東家或企業主）多是聰明，有強烈求知欲，有創意的一群人。他們急切要把新知識運用到日常的生產工藝之中，以求勝過競爭者。這些老闆群不但自己努力充實學識，也鼓勵子弟們用功讀書。於是讀書聲與機杼聲混成一片，工藝與學識肌膚相黏。於是工藝的重鎮，便成為大批進士、狀元、大學者的出身之地。關於這方面的敘述，請看樊樹志的《江南市鎮》一書。

造成中國沒出現工業化（應該說成大型工業化！）的基本原因，依我淺見，是由於中國人的"平均主義"。因為人口眾多，耕地不足，物資不足，於是"不患寡而患不均"。每一個人平均分一點，不許有人多拿。於是有一段時間，毛澤東領的工資與一般工人、士兵一樣。最基層的村書記與北京總書記的薪水也差不多。在 1979 年改革開放之前，農民佔有人口總數的百分之八十。小農經濟、小農心態，遏制了大型工業（大資本）的建立與發展。有人有七畝農地，於是被群起圍攻。七畝地不足半甲（臺灣傳統的農田計數單位，一甲略小於一公頃），如用來種植需要精耕的農作物（如花卉），那是夠用了；如用來種水稻則太小，連一條犁田的水牛都轉不了身。但在大陸，一個農民擁有七畝地則被視為"富人"，因為平均每個人只有零點七畝地，他卻擁有比別人大 10 倍的地，於大家一起來"打倒"他！在如此主、客觀的條件下，如何能"大型化"起來？鄧小平說，讓一部分的人先富起來，現在暗潮洶湧，換成了"他憑什麼先富起來？"當然，歐洲人發明了蒸汽機，於是火車、輪船等東西跟著來。作坊也開始機械化量產！於是工業大型化，資本密集化，接著是電子化，一步一腳印，脈絡清楚，簡單易懂。說成"學術與工藝之間，缺少彼此刺激的機制。"對嗎？

2007.1.18

98. 經濟復蘇／科技泡沫

　　景氣何時復蘇？有人說今年第二、三季即可落底，但他沒說在穀底要盤桓多久？有人拼命裝出樂觀的樣子，譬如證券公司的人，其實他們是在（吆喝）股民再進場買賣股票。（註：2008 年金融海嘯）

　　政府一再降低利率、紓困、減退稅、發購物券、作公共建設、鼓勵外貿，諸多措施必有一定的效果！但結果如何，要等三、五年後，再回頭評估。或許中國多年來的雙位數高 GDP 成長率就此打住了。

　　造成這次全球性經濟消退的三大原因是金錢遊戲、房產泡沫、科技泡沫。金融危機如能即時投入足夠的金錢，便能救急！房產業從來都有盛衰週期，倒了一批房地產商人，隔一陣子就會有新人冒出。科技泡沫則是長久性的人類共同的大問題！這是"科幻"夢破，是全面性的社會問題了。一個手機，功能日益繁複，已到一個智商一百的人無法使用的程度，那就是"噱頭"而已！記憶體無限擴充，那是"胡鬧"，如果科技精良到人人可以隨意竊取、監聽別人的資訊，那就成"災難"！還有人說，GPS（衛星導航）不久便能"普及"到每一輛腳踏車！說這話的人根本就是（神智不清）！資訊業剛賺了一百億元，便立刻再投入三百億元，賺了五百億元，便須再投入一千億元，如此這般，臺灣的奇美電子許文龍說，我們原意是養一條豬，哪曉得變成一條牛！他語帶保留，其實他以為是蜥蝪，不久後，才知是一隻恐龍，反噬飼主！

從第二次世界大戰後，先有石化工業、精細化工、精緻農業，而後是洶湧而至的電子科技。接下來，綠能工業、生技等能取代嗎？或許，太空競賽、軍備競爭又要抬頭，讓人類走上自我毀滅的險路。

2009.1

99. 經濟退潮／算命‧喝茶

　　前任美國（那斯達克）主席伯納多‧馬多夫，一位絕頂聰明的（投資人）兼（慈善家），他以巧妙的裝置，引人入彀，設《H5N1 型》老鼠會，吸金逾 500 億美元，害了一大票人。

　　世人追求一夕致富，馬多夫及華爾道街的不少天才們，便設計了多種金錢遊戲，利用高槓桿財務運作，以債券化、併購、連動化、集團化、複雜化等花樣斂財。

　　有不少高智商，但無社會責任感的人，出任政府、民間乃至各大學的經濟、財政、金融等相關部門的要職，瞞騙了一大群、但求快速發財的人。這次全球經濟大消退，也是由他們首先所引爆出來的。

　　經濟消退，好像宗教進入齋戒期，讓人們多思考什麼才是人生重要的事。在外國，教徒們現在多上教堂，祈求上帝保佑。他們多屬經濟上的弱者，蕭條時，往往無工可做。富人正相反，因為錢變少了，更加勤奮工作，無時間上教堂。中國人則是（富燒香，窮算命），據說現在請人算命的人多如過江鯽魚。

　　日本人如何？在過往的幾十年間，有九成即約一億日本人自認屬於（中產階級），夢想躋身（上流社會），擁有高級住宅、汽車，上豪華餐廳，去國外旅遊。如今

繁華夢斷，回歸現實。於是用錢越來越精，用高明設計
裝修舊居，舊衣新穿，跑老遠的去吃傳統美食，約會情
侶、老同學喝茶聊天。錢雖少了，依然快活。

2008.12.

100. 音樂下鄉

　　法國鋼琴家巴佛傑，以彈奏德布西等人的樂曲聞名於世，他在 1986 年，在德國科隆，贏得貝多芬大賽的首獎。他在 2009 年 2 月 21 日，在臺北的國家音樂廳舉行音樂會，由大型交響樂團協作，有史坦威等多架大鋼琴供他選用。而在次日，即 2 月 22 日，他下鄉，飛往偏遠的台東一家小學再演奏一次。有人事前告訴他，在台東並沒有名牌大琴可用，他說，（鋼琴大師魯賓斯坦曾說過，沒有不好的鋼琴，只有不好的鋼琴家）。

　　台東的利嘉國民小學，是一所原住民就讀的山區學校，學生不滿百人，但環境優美，校園就在一處梅花樹林之內。當天，擠滿了各地擁進的愛樂者，席地而坐，聆聽鋼琴詩人的熱情演出，表演的曲目，與前一天在臺北的一樣，沒有折扣。

　　臺灣有些本土的藝術表演團體，正在世界上建立聲譽，如林懷民的雲門舞集，陳勝福、孫翠鳳夫婦的明華園歌仔戲團等，他們也一而再的下鄉表演。在下鄉表演之同時，他們也不斷的汲取民間的原生活力，俾日益茁壯。

2009.3.1.

101. 空中小姐

　　廈門航空公司要招收 300 名男女空中服務員，應徵者須通過十二道甄選程式。要身體健康，有知識，此外，儀態、容貌也很重要。空服員多半是女生，選起來有如選美。有一項沒有明說的要求，女生的臀部必須渾圓、微凸、性感，因為她在走道上走來走去，坐在椅子上的乘客，正好端詳她的屁股。

　　想當客服員的人很多。怕受人非議，於是選一個大場地公開進行，且讓人旁觀，有人帶著專業用照相機進場。有男醫生輕撫女生頸項，檢查有無毛病，讓身著短裙的女生反復蹲下，看她的腿部及膝蓋是否正常。有一個年輕男醫生靠在一個美女的側後方，用手在她腋下扇風，聞聞看有無狐臭！有女醫生要男生當眾脫衣服，檢視他身上有無傷疤、體毛及紋身！廈門航空讓女生來視察男生身體，並且當眾進行。有人說這是性騷擾，有人說妨害風化，也有人誇讚是一種進步的表現。

2009.12

102. 孫子、兒子

蘇州市有家幼稚園舉行一學期一次的運動會，借在隔壁的蘇州第一中學的操場舉行。父母親乃至祖父母一起來的人很多，而那些家長中有不少官員。有一場是"二人三腳"競賽，父親、兒子各有一條小腿綁在一起賽跑，突然，有一組人摔跤，長得又高又胖的父親正好把他的幼兒壓在地上，幼兒號啕大哭，急怒攻心的祖母飛奔而至，當眾用力拍打她的兒子，說他惡待了她的孫子！

有一位老師說她丟了一隻五克拉的鑽戒，慌張的四處尋覓。她配戴五克拉的寶鑽賽跑？是呀！有此難得的盛會，亮相唄！五克拉，要多少錢呀？她家很有錢，聽說是賣石油的！

2008.1.7

103. 捲　髮

今晚有空嗎？看電影。
她在剪頭髮，隨即傳來一張自拍照，
端坐大椅子，身披罩袍，怡然自得。

哦，直髮捲起來了？
一直不都這樣嗎？
已一年了，
你從來沒好好看過我。

2017.5.12

104. 安娜尼娜

● 你多久沒做愛啦。
○ 昨天才做過哪，今天早上也做啦。（聲音悅耳）
● 不回你短信，黏人。
○ 也沒叫你帶我逛街，喝咖啡，纏著你。
● 少年 Pi 的奇幻漂流、安娜‧卡列尼娜看過嗎？
○ 還沒呢，不說要帶我吃大餐。
● 安娜‧卡列尼娜多是女生在看，1870 帝俄時代，一群王公的奢侈生活，愛情遊戲。紅樓夢、源氏物語不也是女性小說。1917 年俄國大革命。
○ 這床好大，我好喜歡。
● 暖氣太大，關掉。
● 開燈，都打開。
○ 別。
● 你多久沒玩過啦。
○ 不告訴你。

2012.12.10

105. 今年蘇州無雪

聖誕節過了，元旦也過了，
沒有飛揚的瑞雪，沒有白雪皚皚，
記得去年還在雪中飆車。

說是無雪暖冬，
陰雨綿綿，
還有迷惘的眼睛。

2007.1.16

106. 雨夾雪

日薄西山，寒意又濃了，
聽說今晚半夜雨夾雪。
晚來雷聲隆隆，
喚醒冬眠萬物。
櫻花墜落陰雨中，
春分依舊新綠。

清明掃墓人未至，
採茶人先行，身在湖畔樹林間。
這一季碧螺春，
問君依然芬芳否。

2020.3.25

107. 流血的黑鮪魚（一）

2013 年 4 月 25 日，屏東縣東港鮪魚季開始，（第一鮪）公開拍賣，一尾重達 200 公斤的黑鮪魚以 176 萬元賣出。成熟大鮪魚最好吃的大腹肉，是人間最甘美的生鮮食物，在臺北、東京、上海等地的大餐廳一小片有時要價高達 20 美元。鮪魚是在洶湧海水裡游動的黃金。

北緯 16 至 21 度，東經 123 度一帶海域，屬黑鮪魚最重要的捕獵區之一，是臺灣與菲律賓之間的重疊漁場，臺灣政府於多年前以北緯 20 度劃出一條（護魚線），但最佳漁場在菲律賓巴丹島周邊，據經驗豐富的漁民說，越靠近菲律賓陸地，魚貨越多，但一進入，會面臨菲國海警射殺的危險。有致命吸引力的黑鮪魚，常引來要拼性命的臺灣漁民。不抓魚只抓船的菲律賓海警，常造成巴士海峽的悲劇。

有一位已退休的漁民回憶，約 20 年前的某一天，他越界追捕黑鮪魚，凌晨 3 時，夜色昏暗，突然看到一艘朦朧船艇逼近前來，一眨眼，數盞強燈同時亮起，他已被鎖進菲國艦艇的光圈之中。他慌忙下令砍斷釣具，他指示漁工列隊，向已近在眼前，持槍站在甲板上的菲國軍警舉手敬禮，表示友善，對方沒甚反應，於是把漁船緩緩後退，想退回（護魚線），不料對方看出苗頭，立即槍聲大作，船上多了十多處彈痕。漁船被綁住拖到馬尼拉軍港。人、船被扣近半年，幸虧所找的（仲介管道）誠實辦事，他在支付數萬美元的（費用）後，拿到一紙無罪判決帶船回家。

　　（廣大興 28 號）是一條長 14.7 公尺，寬 3.68 公尺，重 15.15 噸的新造臺灣漁船，甫於上個月風光下水。造價約台幣 800 萬元。如大吉大利，說不定在三個月的黑鮪魚盛產季中就能賺回老本，不幸事與願違，2013 年 5 月 11 日，已失動力的廣大興 28 號被拖帶回來。整條船找到 45 個子彈（射入孔）和 10 粒 7.62 釐米彈頭，船裡還有一具已涼冷的老船東洪石成的大體，由他的兒子洪育智、女婿洪介上另加一名印尼漁工三人，護送回家。家屬悲慟，民眾大嘩。

2013.5.1

108. 臺灣艦艇試圖緝凶（二）

　　細看臺菲之間的海域地圖，巴士海峽中有許多島嶼，如巴丹群島、亞米島，但都隸屬菲律賓。鵝鑾鼻東側的蘭嶼才算臺灣領土，蘭嶼原住民達悟族的語言與巴丹群島人相通，先前他們相互以獨木舟划行往來。蘭嶼現為台電公司存放低輻射量廢核棒之儲存所，居民一再抗議。臺灣與菲律賓之間，只隔一道狹窄的公海，所以如認真劃定（中線），對臺灣不利。（一紙書來只為牆，讓他三尺又何妨？）不行！臺灣漁民不會答應退讓，一尺也不讓，臺灣漁民會要求買槍買砲，自行糾結，與呂宋人在海上流血（械鬥）。想當年，顏思齊、鄭芝龍、鄭成功等人私設海軍，曾橫行一大片遼闊海疆，連朝廷海軍都非對手。

　　有臺灣海洋法學者指出，菲律賓必須（承認直接相鄰國家，在水域範圍內某些區域的傳統捕魚權），換言之，臺灣漁民可在巴丹群島一帶打魚，只要不上岸就好！菲律賓公務船如要驅趕，也只能噴水、鳴槍，那能在廣大興 28 號漁船上射擊幾十槍，又射死了一名臺灣漁民。

　　5 月 9 日上午 10 時，28 號漁船已退回至北緯 20.07度，東經 113.01 度，臺灣長久自行設定的（護魚線）之內。但仍遭菲艇射擊。對於臺灣政府單方面劃定的護魚線，即北緯 20 度正，菲國海警一向也尊重，此回可闖下了大禍。

　　臺灣方面很快查明，5 月 9 日逞兇的菲艇，是編號 MCS-3001 的漁政船，長 30 公尺，寬 6 公尺，115 噸重，配備 20 釐米機關槍。肇事時艇上有 20 人值勤，事出後立即回到馬尼拉，據說那 20 個人已下船，正接受菲政府調查。臺灣人揚言，看到那條船，一定要拿下它！馬英九於事出那一刻說，不會動用軍艦護漁，不希望事態擴大！但看到民眾的激烈反應，於喋血三天後，終於（硬起來），於 5 月 12 日中午，組成由 5 條艦艇組成的艦隊出巡，5 條艦艇包括向法國及美國購買的最好軍艦在內，擺出一副不惜一戰的姿態。

2013.5.13

109. 台菲漁權談判（三）

　　5月9日菲艇以機槍掃射臺灣漁船，射死臺灣漁民，第二天，菲律賓駐台代表白熙禮立即口頭道歉。但菲律賓總統府卻說，臺灣漁船犯界在前，不受停船命令（當時船上已有7條鮪魚），又加速逃逸，故不得不開槍，菲方無須道歉，僅對洪石成不幸意外死亡，表示慰問與道歉。第三天，廣大興28號被拖帶回家。外交部長林永樂帶白熙禮到喪家致意，白代表面有戚容，但後續處理，非他所能決定，沉默離開。菲政府允諾會（公平、透明與快速）調查事故。

　　馬英九總統于11日晚間召開國安會議，表示菲政府須（正式）道歉、懲凶、賠償，限從5月12日零時起算，72小時內答覆，否則，將1、凍結菲籍勞工在臺灣的工作。2、召回臺灣駐菲國代表。3、也要求菲國召回駐台代表白熙禮。還有，希望台菲間積極商討簽定漁權協定。5月12日，臺灣一支實力強大的混合艦隊南巡示威。據統計，在巴丹群島海域，當下仍有50艘臺灣漁船在追捕鮪魚。過去10年間，有147艘臺灣漁船在菲國、印尼等地被扣。

　　釣魚臺周邊的《臺日漁業協議》雖有琉球漁民抗議，但於4月10日簽署成功，於5月10日正式生效，當天該海域立即湧入大批臺灣漁船，日本艦艇不再驅趕。臺灣盼仿造一個巴丹島周圍的（台菲漁業協定）。中國大陸表示，漁權協議應由馬尼拉與北京簽，臺北不行，是謂（一中原則）。

二〇一〇至二〇一二的三年間，臺灣對菲出口59.82+69.64+88.76=218 億美元，逐年增加，自菲進口23.19+24.13+21=68.32 億美元，臺灣享有 150 億順差。近年來到菲國的台商在增加之中。目前在臺灣工作的菲籍勞工有 8.7 萬人，占外來勞工總數的 19%，估計這些勞工每年匯回菲律賓的外匯約為 200 億美元。

獵捕高價黑鮪魚是一項需要專業技術的行業，菲律賓遠不如臺灣，所以雖盛產鮪魚卻被臺灣漁民釣走。為避免海上糾紛，臺灣曾建議，一條漁船一年向菲國繳納（入漁費）美金 4000 元，但菲國不肯，認為吃虧。菲國算來算去，認為怎麼做都吃虧，所以不肯簽署漁權協定。有臺灣人建議，乾脆向菲國（買下）巴丹群島。

真要簽台菲漁權協議，不是（在商言商）就可談妥，必須加上強大的政治因素！大陸退休將領羅列說,（菲律賓槍殺臺灣漁民就是與中華民族為敵，解放軍將攻佔遭菲律賓佔領的南海島礁，挑釁一次，奪回一個）。繼黃岩島之後，大陸正在圍困由菲國佔領中的仁愛礁。與此同時，臺灣宣佈，預定於 16 日在巴丹島近邊，也就是（廣大興 28 號）遇害地方，舉行海空軍聯合演習，實彈射擊。

2013.5.14

110. 談判中的幾個人（四）

● 　菲律賓總統府副發言人華爾地女士 5 月 10 日說，有關廣大興 28 號事件，菲方將等待調查結果，再決定是否道歉。她一邊說話，一邊傻笑，好像（神經線）還沒有調整好的樣子。

● 　臺灣總統府發言人李佳霖女士因而出聲指責華爾地女士（輕佻）。

● 　菲國總統府發言人陳顯達 15 日下午在馬拉坎南宮代菲國總統艾奎諾三世聲明，為（廣大興 28 號）漁船遭菲公務船槍擊事件道歉。他不但有一個中文名字，在記者會中還以流利的中國話答覆記者的詢問，……他的中國話居然還帶著（臺灣腔），在臺灣學的？

● 　受害者洪石成的大女兒洪慈綪，她的模樣、姿態，講出口的話語，都讓人大吃一驚，諸如：

（外交部腦袋與身體是不是移位？）

官員態度軟弱像（小嘍囉）。

（臺灣人這麼挺馬總統，為什麼他就是不能硬起來？）

（這些軍艦根本是開到那邊當標本或模型玩具）沒有實質作用，想要有積極作為就應該立即軍演。

（難道是想看黃道吉日，還是去一日遊的？）

　　洪女士身材壯碩，皮膚黝黑，滿面風霜，她家住在屏東縣離岸的小硫球鄉。

2013.5.16

111. 神魚的故事（五）

　　那一年，有一條臺灣漁船，在鮪魚季節剛開始的時候，旗開得勝，捕獲一尾成熟的大鮪魚，在屏東東港，以（第一鮪）之姿公開拍賣時，被日本三井貿易公司以台幣 300 萬元標得，當場爆出滿堂喝采。其實，鮪魚已日漸稀少，有人危言聳聽，說它的數量已比熊貓多不了多少，快被宣佈為瀕臨滅絕，須禁漁的魚類了。那一條捕獲大魚的漁船船東自以為鴻運當頭，要乘勝追擊，第二天一早便再出海，但不幸一下子便被菲國海警逮住！他們開始討價還價，要求放船放人，菲人一開口便要台幣 300 萬元，他們說，你不是昨天才賣了一條（我們的魚），得價 300 萬元嗎！！

　　有人說，鮪魚是（神魚），沒那個（福分），別吃鮪魚肉，如無更大的（福分），別去捕殺那種神魚。

2013.5.17

112. 洪石成是怎麼死的（六）

　　菲國總統發言人說，臺灣廣大興 28 號（重 15.5T）漁船試圖衝撞菲國公務船 MCS-3001 號（重 115T），後者才被迫開槍自衛，菲國海警非故意（Unintended）造成洪石成死亡。菲國的說法是卸責之詞。

　　臺灣馬英九親口在電視臺上對臺灣民眾說，這是一件冷血謀殺（Cold-Blooded murder）。馬英九用英美法的謀殺（Murder）一字，也不甚妥適。

　　美國資深重要眾議員布萊迪（Robert Brady）聲援臺灣說，28 號遭 3001 號槍擊，船身及引擎嚴重受損，船東洪石成不幸身亡，可是（菲律賓公務船逕行離去，未給予任何協助。）如同駕車撞死人後逃逸。布萊迪的說法，最會引起公憤。

　　28 號漁船是在距巴丹島 39 浬的（公海）被害，那是臺灣與菲國的重疊經濟海域內。所謂（暫定護魚線）的北緯 20 度線，只是臺灣自己定的，此後臺灣公務船將隨漁船行動，護漁，僅約束漁船，不可侵入 12+12=24 浬的別國地盤。臺灣以後要多建造新型海巡船，並配備自造武器。

　　馬英九想靠美國保護，又與大陸（外交休兵），使臺灣逐漸喪失自衛能力，他長期民望極低，意欲藉此血案，鼓動愛國情緒，移轉民眾的不滿，但言、行不當，甚至有些（暴衝）的模樣。

2013.5.18

113. 台菲平行調查（七）

　　各有各的獨立司法權，不宜（聯合）調查，於是臺灣與菲國雙方同意，各自赴對方所在地（瞭解案情），菲律賓官員來台檢視（廣大興28號）船上的45個槍彈射入孔，船身有無相撞痕跡？他們還想重新驗屍，但死者洪石成的家屬堅決反對。臺灣官員跑到 MCS-3001 號（凶船）上看 VDR（航程紀錄器），驗 15 把凶槍，取回試射的彈頭供比對之用，最重要的，將菲方的偵訊筆錄仔細閱讀，如有不足之處，便請菲律賓檢察官代為發問，取得補充證詞，深入瞭解案發過程。此謂之（平行調查）。雙方各派 8 人調查，事情進展順利。

　　當時 MCS-3001 號船上共有菲國海巡署官員 17 人，3 名漁業局官員，計 20 人。有 11 人未開槍，9 名海警瘋狂掃射，只因廣大興慢吞吞的，未急速（被驅離）。他們懷疑洪石成酗酒或吸毒，但毫無根據。而這 8 人濫射，才真是發瘋啦！聽說其中一人原不肯開槍，還被隊長訓斥一番！

　　洪石成的大女兒洪慈綪（讀如靖）這回當洪家發言人，表現絕佳，比總統府、行政院、外交部的發言人還要出色！她從屏東女中畢業，再讀科技大學，現為幼稚園教師，也因心算能力高強，得過獎。她在一大排攝影機及記者面前，要言不煩，言詞犀利！菲國政府托前國民黨立委，號稱（爆料大王）的邱毅帶給她 250 萬台幣，盼洪家閉口。洪大小姐說，我們（好手好腳）的，不要別人施捨！拒收那 250 萬元。她強調，我們要正當的賠償金，一語驚醒想和稀泥的一大幫人。

2013.5.31

114. 修復的臺灣漁船（八）

　　臺灣漁船被菲律賓海警冷血追殺，漁民洪石成挨一顆子彈貫穿頸部動脈死亡，臺灣人極度憤恨！有一位臺灣海軍軍官揚言，如狹路相逢，要把那條菲國巡防艇打成（齏粉）！2013.8.8 距事發正好三個月，菲律賓派遣特使來台，攜菲國總統署名的道歉函，正式向（洪家）及（臺灣人民）道歉（Apology）。MCS-3001 船長及 7 名濫行開槍的海警以殺人罪起訴，刑期 12 年至 20 年，另有 4 名公務人員因曾以（動過手腳）的錄影帶希圖卸責，依（妨礙司法）罪起訴。賠償洪家各種損失，(大約 1000 萬元台幣)，因有保密條款，不可明說。至於，台菲間的漁權協定，因牽涉太大，一時未能談妥。臺灣方面同時宣佈撤銷對菲律賓的各種制裁措施。此案落幕，臺灣人民安靜接受。前幾天，已經修復的漁船重回大海捕魚。

　　先說廣大興 28 號（犯界）非法捕漁，再說 28 號（衝撞）MCS-3001，船員被迫（自衛），但最後菲律賓光明磊落，讓臺灣司法人員二度到菲國調查，公佈真實的錄影帶等證據，也不怕影響菲國海警的士氣，一切依法進行。

2013.8.9

115. 修復的台菲關係（九）

　　2014 年 3 月 18 日，菲國司法部以殺人罪名，將其海防隊小隊長德拉克魯茲以及另外 7 員隊員正式提起公訴，另外，根據臺灣方面的仔細勘驗，認定菲船至少射擊臺灣漁船 108 發子彈，菲方復查後，接受臺灣的調查結果，而被告曾謊稱只射擊 36 槍，所以也觸犯（妨礙司法）一罪。可見臺灣與菲國間有良好的司法互動。現在雙方正在努力，要訂立漁業方面的協定，共同劃出一條捕撈界線。

　　2010 年 8 月 23 日，一輛載運 20 位香港遊客的大巴在馬尼拉鬧事遭人劫持，菲國軍警處置不當，造成 8 位香港人死亡，7 人受傷的慘劇。香港人很生氣，北京方面也動怒，但問題一直懸宕不決。

　　洪石成的女兒洪慈綪因此案大出風頭，她的（粗線條）作風，合乎臺灣人的脾胃。（洪大姊）聽說將參與年底（七合一）大選，要當屏東縣議員，她適合（為民喉舌），預祝她會高票當選。

2014.3.20

116. 台菲漁業協定（十）

　　2013 年 5 月臺灣漁船（廣大興 28 號）在菲律賓近海捕魚，漁民洪石成被菲國海警射擊身死，臺灣人暴怒，要求出動海軍報仇。菲方立即道歉，懲凶，也付出一筆相當的賠償金，還有，答應與臺灣簽定漁業協定。

　　說是漁業協定，實際上是《台菲漁業執法合作協定》，規定 A、軍警避免使用暴力或不必要武力。B、執法前一小時通報。C、迅速釋放違規漁船辦法等項。說穿了，是約束菲方必須要客氣地對待臺灣涉嫌犯界漁船的協定，至於（漁場）的問題，則尚待進一步磋商，菲方也要求臺灣（對等）對待。

　　對菲律賓來說，好像有些像（不平等條件）的樣子，所以遲遲不肯簽定，但到了 2015 年的 11 月 5 日，也就是（馬習會）在新加坡舉行的前兩天，突然因（政治考量），台菲雙方迅雷不及掩耳的秘密在臺北簽了約。雙方又約定，暫不公佈，先藏放 2 周，等（馬習會）開完，且 APEC 在馬尼拉開幕之後的 11 月 19 日，才能公佈。因釣魚臺的主權糾紛，安倍首相曾不顧琉球漁民的反對，二年前硬把釣魚臺附近的漁場讓給臺灣，簽下《臺日漁業協議》。日本人明確要與臺灣建立特別夥伴關係。

2015.11.21

117. 說故事

　　她編了許多謊，有點騙錢的意思，我不以為意。說是恐嚇取財，我沒感受到任何威脅，不算！如果她真想做點生意，需要一些錢，我倒有意幫她點，但她好像只是說說而已，並不認真。她編故事，我樂意傾聽，我愛聽人說故事。我自己也說故事給別人聽，我說的故事，十之八九，多是真人真事，而聽的人只當做我的（口才）很好，會寫（文章）。

　　昨天晚上同事聚餐喝多了。本想發信給你，但一開機就看到你的信。等一下我就走了。會天天想你。

　　她跟我說，她要回家去討回已送人的孩子。她的同鄉也是她表妹的同事告訴我，她跟她丈夫、孩子一起生活，家人間感情融洽。她丈夫同意她到繁華城市玩一段時間，也掙一點現金，她平靜的回老家當農婦去了。

2013.6

118. 小狗回家

　　有一個五十七歲的男人，數個月前，在臺灣澎湖海邊，騎機車摔死。在他咽氣時，他飼養的小狗，好像聽到幽魂傳來的呼喚，突然跳起來，離開家門。慌張的小狗跑遍澎湖大街小巷，翻山越嶺，終於找到故主的失事現場，及棄置的機車。就在此地，小狗吹風淋雨，已兩個多月，好像仍在等待主人。

　　再隔幾天，死者家屬帶來一位道士來到現場，作法招魂，把死者幽靈順利引導回家，小狗也順利的跟著回家了。道士說，小狗是被故主的魂魄勾留在失事現場，陪伴著他，不能脫身。

2008.12

119. 夜間美女

　　天氣漸涼，已入冬，換穿長袖的衣服。開快車 180 公里，如往常一樣，我於中午過後抵達位於中山路的台中飯店，在大門口停車，把行李袋交給櫃檯上的女孩子，我在這家旅館住過許多次，她們都認識我，笑笑接過我行李，給我一張卡片簽字，告訴我是 402 房間，我就走了。

　　在工廠開會，與客人談生意，一起吃晚飯，再移往 CLUB 喝酒閒聊，偶爾會在小舞池裡與酒店小姐跳一、二支慢步舞，往往不到午夜時分不回旅館。那時我四十多歲，過著比較繁忙緊張的生活，工作也順利，不愁沒錢花用。那也是我打球最多的一段時光，曾經有一個星期，我居然有五天打高爾夫球，打完 18 洞，不但不覺得累，反而更有力氣。

　　那一夜，半夜回到旅館，櫃檯換了男服務員。我要 402 房間的鑰匙。他遲疑了一下，帶著些許不安的表情說：「對不起，施先生，換成 408 房間。」我點點頭，接過鑰匙與行李，搭電梯上樓。我心想，不過是隔壁的隔壁，仍然是那一排臨自由路的房間，408 好像我也住過，不在乎他們給我調換房間。走進房間，從行李袋裡拿出換洗的內衣褲。拉開水籠頭，注水到大浴缸裡，也灑進泡泡乳，悠閒的在水中浸泡，我要等著睡意漸濃，才起身擦乾身體，上床睡覺。突然一股冷風襲來，我擱在缸沿上的手臂一下子長出了許多小疙瘩，我心知有人來了，強自鎮定，緩緩轉頭看，是一位三十出頭，身體修長，面貌姣好的陌生少婦，我笑笑盯看她的眼睛，她有些羞赧，卻掩不住有一股激情之色。來了這麼一位不速之客！還好我們是第一次見面，她對我無怨氣，無怒色。她身臨惡境，我只是無意間走近她。她披著一頭仔細整燙過的長頭髮，著一身高價的花色連衣裙，我沒有看到她的腳，她是飄移過來的。她好像已注視我很久，看我洗澡洗這麼久，於是移到浴缸邊來了。我不再看她，當做她並不存在，我慢慢的起身擦身，我避免做出急燥的動作驚擾了她。我穿上內衣褲，連長褲、外衣也都穿上。我開亮了房間裡所有的電燈，把二扇窗子也都打開，推到底。然後我倒了一小杯威士卡，看半夜的電視節目。她已無機會現身。我心境平和起來，睡意又濃起來。我細聲告訴她，我很疲倦，要好好睡覺，如果你有話要告訴我，請你明天再說好嗎？我開著燈，和衣睡到床上，安然一覺睡到天亮。

　　第二天一早，我問 408 房間最近發生了什麼事？AMY 說：“你也碰到了哦，下回我們不會給你那個房間啦！”他們看我很陽剛的樣子，認為異物異色都近不了身吧！至少在碰到後，我還能不動聲色的仍然在那個房間裡過夜，不簡單哦！此後我沒再走進那家旅館一步，不久之後，那家旅館遭遇嚴重財務糾紛，與它有關的幾位人物或身陷囹圄或逃避國外。旅館也歇業了。那棟大樓倒還在，現在是台中商業銀行的總行。

2006.6

120. 緣分已了

　　前天，一位七八十歲的老婦人，握緊一把大榔頭，先看准了，再轉過頭去，猛擊她剛從醫院回家的丈夫頭部，他罹患嚴重的糖尿病已 10 年，還有別的病，在醫院與自宅之間來來往往，她跟他都明白，已醫不好病，他不想再煎熬過活，她也疲憊萬分。

　　她自己報案，說她剛殺了丈夫，她下樓，告訴鄰居，員警及救護車會很快呼嘯而至，她抱歉驚擾了他們。

　　她身著一件寬鬆外套，人長得好看，不慌不忙。丈夫送到醫院，她陪著再走一趟，看他再看她一眼，吞嚥最後一口氣。刑事檢察官詢問一遍，事證清楚，何必多問，他請她回家，隨傳隨到。不，她說，塵世緣分皆已散盡，她不再回家。

2018.10.18

121. 他要回家

　　老林 20 歲結婚，2 年後仳離，他獨自養育幼兒成人。5 年前他離開住家，就此音訊全無，已被管區列為失蹤人口。他是油漆師傅，四處漂移，打零工過活。他有一輛廂型車，養一條乾淨白狗。他在宜蘭濱海小村莊出生，長時在臺北縣工作，這幾年，在南投山區活動。

　　2016 年 7 月 8 日，尼伯特颱風來襲，氣象局預報，將從臺灣東南方登陸，以逆時鐘方向，在鵝鑾鼻、巴士海峽一帶長時盤旋，然後沿中央山脈，自南至北，穿腸穿心通過臺灣，造成嚴重傷亡，留下滿目瘡痍。老林身上長著一叢慢性腫瘤，難治，也不想治療。他平日善沉默寡言，與人無爭，但內心頗不平靜。

　　當天他穿一身乾淨衣褲，穿白色球鞋，背了一隻鮮豔大袋子，走進台中火車站。一早他的廂型車已停進南投山路的一處凹陷處，他拜託附近一家小飯店的老闆娘，把殘羹剩飯扔進車窗，餵食他的狗。他在火車站四處觀望，喧擾，但無特別引人注目的事物，還有，天色尚早，還不到（入寢）時段，他繼續搭車北上。

　　早上出門時，他還挺胸，闊步，真像要赴一場網球約會。此際步履已遲滯，在新竹火車站他看到一個小女孩，天真活潑的跟她的家人嬉鬧，他半閉著眼，享受著這一刻的溫馨，他幾乎就要回頭。火車來了，一家人跑光，天倫夢醒。他不想一個人死在山區山溝裡，被當做無名屍首，或僅剩一堆白骨殘骸，還有，他心懷不平，無處訴說。生前無機會，死後且上報上電視，胡鬧一場。

夜漸深，已近 10 點，他坐在一節柴油慢車上，老林四處觀望，乘客多是疲憊的人，台鐵 1258 次北上區間車，就將抵達松山，那一些沒精打采的上班族，他們多在臺北火車站附近打工，就近搭乘柴油小火車下班。老林心中一橫，要他們伴他走完最後的一程路。55 歲的林英昌起身進入廁所，他把他從鞭炮串裡倒出來的黑色火藥，填入那二根中空的鋼管裡，再以強膠黏貼，他選一個空曠的座位坐下，就拿在胸前，點燃。窗外，颱風陣陣嘶吼。

同車 25 人輕重傷，事後清點，有些只受輕微灼傷，僅需塗藥包紮。事發時，連 CNN、BBC 記者都急速趕至，以為臺北也受到恐怖攻擊。老林被急送加護病房，插管，那知才幾天便移入普通病房，又兩天，便被轉送一般監獄，有人提醒，他有嚴重的自殺傾向，提防一些。

2016.8.2

122. 女　巫

　　許麗珍，臺灣雲林人，大學讀中文系，後來在法國得到宗教學博士學位，是一位現代的高學歷女巫。在愁雲密佈，社會不安的今世，她受到部分人士的歡迎。

　　有一次，有一位有地位的印地安巫師送她一根老鷹翎毛，她插上後，便翩翩飛舞起來，升空有如一隻大鳥，四處翱翔，俯視人世種種，歡迎和悲苦。

　　她不再為少數親友及鄉親服務，不當靈媒，不擔任精神治療師。她寫書、演講，也在大學裡授課，以求廣渡眾生。

2008.12

123. 上　吊

　　有一位六十多歲的山東老農胃痛，吃了幾天小藥房裡的胃藥，不濟事，於是帶著他僅有的幾千元儲蓄，上縣裡的醫院看病，連著去了二、三次，又照超音波，又作胃鏡檢查，但花錢並不消災，那一個主治醫生不耐煩的說，鄒老頭胃裡長了一個腫瘤，須動刀割掉，估計前後要花費 3 萬元，住院 2 個月……。鄒老漢聽了難受，回家後一個人想了又想，想不開，當天深夜，上吊自殺身死。

　　陪他看病的媳婦，心中疑惑，要求解剖驗屍，因她態度十分堅決，醫院只好開驗，操刀的醫生找不到腫瘤，也找了另一位醫生一齊來看，確定鄒老頭是有胃潰瘍，但沒有罹癌。

　　家屬要求醫院賠錢，醫院說是他自己自殺，又不是開刀錯殺了他，不賠！幾次爭鬧，事情逐漸傳開，方圓三十裡的鄰近地區都聽聞此事，村長、鄉長也被動介入此事。尤有甚者，原已看破塵世，一了百了，只要家屬簡單辦理後事，讓他（入甕）為安的鄒老頭，經此嚴重紛擾，原已消散的魂魄，重新聚攏，竟（躡手躡腳）的回到他的原來住家，好像在找一杯酒喝，找一根煙吸，有時看他像是在與人爭吵，氣憤難抑的模樣……，鄰閭間哄傳鬧鬼。

縣長只好召集雙方談判，經過一整日的爭論，最後談好由醫院賠 15 萬元給鄒家遺族，和解了事。鄒老頭的亡魂魄也不再來了。

2015.5.16

124. 贍養費

　　經濟消退，夫婦間為錢財吵鬧的人日多，想離婚的人大增。以往談離婚時的二件大事是（分財產）和（子女撫養）的問題。現在則是先談財產問題，其餘的都不重要的樣子！關於贍養費的問題，有錢的一方希望速戰速決，也希望定額分期支付，以後錢變薄了，付款輕鬆。有些人談判離婚時，一副（在商言商）的態度，不念多年的情分。

125. 情人退場

富人們鬧離婚的多些，因為他們遭遇的麻煩也多很多。他們比較會理財，但那種理財工具（建構物），是經不起風吹雨打的，更何況現在來襲的是特大號颶風。理財？說穿了，大半還是金錢遊戲，換言之，一種看似文明的賭錢方式而已。

富翁們折損大量錢財後，他們不願再在情人身上花錢，有的乾脆跟情人分手，於是情人們黯然退場。燈紅酒綠的銷金場所，也少了不少。

2009.3.3

126. 農民上大學

　　溫家寶總理在一次春節談話中說，當年他們在北京上大學的時候，同學之中有八成來自農村，而現在，人數不足二成，而這些人其實也來自小城鎮。溫總理在關切城市與農村不平衡發展的狀況。

　　農家小孩好不容易盼到進入各省省內高校的機會，發覺費用昂貴，須竭盡全家甚或親戚的力量，才能讀完大學。可是，在畢業就業後，所領的工資，還沒有他讀書時的費用多。這種普遍存在的狀況，造成"上大學無用"的說法，且正在全國農村間流傳。

2009 春節

127. 群眾有知的權利

　　2009 年 2 月 28 日，在中央人大和政協開議前夕，溫家寶在網路專訪中說，群眾有權利知道政府在想什麼？做什麼？並可提出批評。政府也須問政於民，問計於民，推進政務公開和決策民主化。此前，中國實施的是（精英政治），（民可使由之，不可使知之）。此後將進入民意政治的境地。由於經濟起飛，教育普及，中國的中產階層人數大增，特別是新進律師群、海歸派人士等便成為推進民主與自由的主力組群。

2009.3.1

128. 人分等級

　　內蒙古的包頭市，距北京市 740 公里，距省政府所在地呼和浩特 160 公里，地處黃河上游的綠洲地帶，市內有一個尹六窯村，村內居民的身分被分成五等級，相互間限制通婚，分配利益也按階級而異。於 1963 年前落戶者，為一等村民，63 至 57 者為二等，76 至 85 者為三等，86 至 96 者為四等，1996 年後遷入者屬第五等村民。五等村民人數甚多，因受到不平待遇，已在集結抗爭。一等村民的姑娘，只能嫁給同階級村民。二、三、四等村民姑娘可以嫁給一等村民，但因門當戶對的觀念以及牽涉實際經濟利益，實例不多。政府徵收土地所得的款項，一等村民可按份得到 100%，二等 85%，三等 70%，四等 50%，五等村民被剝奪乾淨，一無所有。居民分等級，使我憶起蒙古人入主北京當皇帝的蒙元時代，不就把統治下的人民分成蒙古人、色目人、漢人及蠻子四等嗎。人民大學的法律教授說，這種區分身分的辦法違反憲法、中央法律、國家政策。但當地幹部不聽，怎辦？

　　我於今年 10 月自己開車兜繞山東一圈。孔子家鄉曲阜自是必至之地。坐昂貴的馬車，付錢請導遊，參訪孔廟、孔林、孔府。曲阜及半徑一、二百公里的範圍內，迄今仍實施孔夫子的規矩，男尊女卑，女孩子沒有財產

繼承權，但出嫁的女孩子得照顧年邁的父母，死後也不
准安葬孔林。這自然也違憲、違法，但那些人認為孔子
最大，大過毛澤東、胡錦濤等人，他們堅持以古法行事。
山東是近畿地區，曾是直隸省。可不是地處周邊地帶的
蒙古、西藏、新疆、寧夏、廣西等自治區，但北京也拿
它沒有辦法，法令不行。一國一制何其困難！

2009.12

129. 杜鵑花

　　四月中旬，"穀雨"時節，我蘇州住家周圍的大片杜鵑花開花了。先是稀稀疏疏的淺紅，幾天之間，已全面盛開，正是姹紫嫣紅，奪人心目。才又幾天，還沒來得及帶紙、筆描繪一張，一回神，竟然已全部落盡。宛如戲臺換了一齣戲，花園裡現由深紅色的月季花替代了杜鵑。

　　在臺北，從看到杜鵑花開始綻放，以至散盡，總有二、三個月之久吧！蘇州的花期何其短暫？原來那些杜鵑花都屬同一品種，且是同一個苗圃中新近栽種出來的。就在七八年前，我想在我自己的的園子裡種些杜鵑，但買不到花苗，那時候杜鵑花在蘇州少見。

　　在大陸，一群人，同一想法，同一作為，同質性極高。同一社區裡的幾百株杜鵑花，同樣的顏色，一起開，一起謝。想必是同一群人類弄出來的。

2007.5.10

130. 黑鷹墜地

2020 年元月 2 日，一架 UH-60M 高價新購的臺灣黑鷹戰鬥直升機，載著參謀總長沈一鳴上將及其僚屬，連同駕駛團隊 3 人，共計 13 人，於上午 07:50 起飛，欲飛往宜蘭縣東澳等地執勤，不幸於 08:07 墜毀於宜蘭附近的山區。沈總長等 8 人當場殉職，坐在機尾部份的 5 人生還。

蔡英文於第一時間獲訊，立即指定副參謀總長兼執行官的劉志斌上將為代理總長，之後第二天召集軍事會議，安定軍心。蔡總統擁抱、安慰沈夫人，追晉沈一鳴為四星上將，臺灣自 2009 年之後，10 年間已無人榮任四星一級上將，且頒給青天白日勳章。接著，她親自跑了一趟東澳中正基地，那裡的雷達管控區域遠至日本的宮古海峽。為了國殤，她下令各軍事機構降旗三天，三天間，她也停止競選活動，1 月 11 日下週六就是大選的投票日。

美國在台協會（AIT）也跟著將臺北駐地的美國國旗降半旗，表示哀悼，並稱美國願提供臺灣必要的各種協助。AIT 的駐臺北代表，以後可能須獲美國參議院的同意，才能上任，視如正式的大使。美國參謀首長職席會議主席馬克·麥利將軍也表示（美國與臺灣同在）。美國已當臺灣如盟友，ONE CHINA POLICY 已破損殆盡。而大陸的王洪光退伍中將繼（100 小時）可拿下臺灣的說法後，2019.12.21 的一場座談會中又說，中國可在幾分鐘內奪取東引島、東沙群島、澎湖列島。在這種情勢下，如說多數臺灣人已傾向美國，親美派可在大選中贏過親中派，並不為過。大陸某些人迄今，其心態與在國共內戰末期時相似，認為只要大聲恫嚇，國民黨官兵就投降或逃跑！

2020.1.5

131. 烏魚子

　　很久很久以前，我們到九州大分市的一家日本住友大化學工廠，我帶了自己的化學工程師一起去，要在那裡工作四、五天，專程前來學習製造一種化學藥品。我隨身攜帶了幾份臺灣土產品，還是高價的上品烏魚子。

　　鄭重其事的，廠長——他還是那一家跨國大公司的董事級大經理哪！他帶著幾位負責其事的中年幹部與我們正式相會。才客套幾句，我們便不拘形式的談起事來，我喜歡簡單明瞭，只說重點，不談細節，才 20 分鐘，事情敲定！不用簽約，連備忘錄也沒有。

　　我拿出烏魚子，一人一盒（一片），分贈給那些人。那一位董事（取締役）一看，是鮮紅透亮的上等臺灣烏魚子，登時眼睛一閃，斜視了那幾位得力部下，當場叫他們自行（上繳）給他，他要一個人獨吞，他收齊了那些烏魚子，他嘴裡嘟囔著，……你們這幾個傢伙，別糟蹋了這些美食，都送給俺吧！部下們嘟嚕著臉，莫可奈何。

　　烏魚從日本九州，經臺灣西海岸，洄游至菲律賓，在日本時幼嫩，不成熟，到菲島時，則已老粗，唯在臺灣布袋一帶時，最是甘美。

2018.3.29

132. 滯留空港的烏魚子

　　那一次回臺灣時，正逢烏魚子大豐收。北門的那一個阿雄，快手快腳的，連夜出海二趟，拼命撈獲了肥碩的烏魚幾萬幾千幾百幾十多條，一夕致富，得款好幾百萬元。

　　過虹橋機場時，一位美麗的中年婦女關員，攔下我那十多片烏魚子，不讓過。我說，那是已加工過的食品，不會孵化成千萬條小魚！請問，黑海的小瓶裝魚子醬能不能帶過關？她不想跟我爭辯，開出一張保管條，說可以在七天內領回去，她說她會放在冰箱裡冷藏。

　　第二天，我請我公司裡的一位年輕女同事，事前打電話給那一位關員的上司，約好在那一個辦公室碰頭。她帶去一小罐臺灣紅茶，領回那一批臺灣烏魚子。

2018.3.29

133. 烏魚子的擁抱

　　快過年了，到南門市場看看，我心裡想要買幾片烏魚子。這類傳統菜市場正快速沒落中，還賣嗎？信義路的義美分店有大冰箱，存置大堆貨色，也會打九折賣給我。但他們說他們賣的都是野生烏魚子，我不相信。

　　南門市場裡有貨，但不多。有一個高個子女孩笑臉接待我們夫婦。還有嗎？要大的！她一下子調集來幾十片，咦，你哪里弄來的？管她怎麼弄的，她有本事，如果我想買一小箱，如肯等她20分鐘，猜想她也能調貨到手。

　　挑好了，請她打八五折，一口回絕，九折，還不想賣，差10天就過年，她要九五折才賣。刷卡，不，只收現金，她指給我看，在一個角落有兩台提款機。

　　一手交錢一手交貨，銀貨兩訖。她攪不清楚我們是哪裡來的？我說我們家住東門附近，坐捷運才兩站，她半信半疑。她嫣然說，我要做你們女兒，好不好？一邊說，一邊從背後用力擁抱了一下我太太。我說，我家小女兒都已快五十歲了，你幾歲？

　　烏魚子不要別的，就配白米飯，兩相好，有如抱個滿懷。

2018.3.29

134. 鮪魚季節

　　小漁船半夜遇上黑壓壓，一大群，迅捷在海中奔竄的烏魚群，幾個船員沒命的撈捕，直到一條船滿坑滿谷，再不縮手，便要人、船、漁獲同歸於盡的樣子！

　　鮪魚來了！4月22日，屏東東港漁港，由縣長潘孟安手執拍賣木槌，要拍賣今年的臺灣第一尾大鮪魚，同時揭開（黑鮪魚文化觀光季）。拍賣台四周擠滿觀眾，（魚來滿6號）船長林家瑞從船艙裡緩緩吊起一尾漂亮的大鮪魚，眾人拍手鼓掌，漁港內處處鞭炮聲響，在一旁跳森巴舞助勢的女郎們狂亂起來。噪音稍歇，首先由專家鑒定，這一條大尾鮪魚，在被釣出海面時，確定仍是一條活魚，重206.4公斤，身長210公分。潘孟安宣佈，從一公斤台幣一千元起拍，劈哩叭啦，連番三級跳，（8千，8千2百，8千4百，8千6百，8千6百第二聲，8千6百元成交！），打破歷年來最高單價，總價177萬5,040元！響聲如雷。

　　猶憶2004年，在拍賣當年第一尾鮪魚時，一位路過的不知究竟的中年婦女，以為是喊（整條的），想買來分享親友，欣然也加入競價行列，她標得一尾284公斤的大魚，當拍賣官要她簽字認帳時，她才知道要220多萬元，她一時腿軟，坐癱在地，還好，立刻有人補上，解圍。

　　放長線，釣大魚。要追釣那種巡遊大半個地球海洋的大魚，須有精確的電子偵測儀器，更須累人的長途追逐。

2018.5.1

135. 生魚片

　　烏魚子先曬曬太陽，吹吹初冬的乾燥和風，便可壓制成下酒的高貴食品。鮪魚生肉薄片，日本人寫成（刺身），含魚頭、魚尾、魚鰭、內臟、魚骨等物平均一公斤台幣 8,600 元（約合美金 30 元），那麼，一客絕佳的鮪魚大腹部切片，該賣多少錢？有一回，已吃過晚飯，我跟我老伴還有我兒子，慢步閒逛五分埔夜市，在一個賣日本料理的食攤上，我一眼瞥見，那一個透明的冰櫥裡，居然放置有一塊極為誘人的鮪魚大腹肉，我立即要了那一塊正好可供二、三個人享用的生魚片。一邊品嘗美食，也大口飲用新鮮的生啤酒，那一個略顯緊張的老闆，一直在一旁注視著我，他心想不知那兒來的一位陌生老人，一下子，就把他一塊偶然到手的，一塊絕佳生魚片吞吃掉了！口袋裡會不會帶著足夠的現金呀？

　　那段期間，我常跑日本推銷我們自家工廠的產品，日本朋友往往替我代訂大倉、帝國、新大穀等最高檔的大旅舍，有一個傍晚，有一位住東京近郊的經銷商來旅館找我，我邀他共進晚餐，就在一家大名鼎鼎的日本料理店裡。我要吃鮪魚大腹切片，那位中老年大廚師，托出一盤冷藏中的不銹鋼盒子，內置數片紋理、顏色、形狀各不相同的生魚片，問我要挑那一片？他們是一片一片賣的，大腹、中腹，熟成的程度不一樣，取自不同一條的鮪魚，當然，價錢也不一樣！順便考考你，測測你是哪兒來的人客。我那位日本經銷商，看勢頭不對，急著要離開，說他已經很（飽）啦。

想當年，但憑一股傻勁，拎著一隻皮包，一個人跑東京、大阪，也跑曼谷、新加坡等通商大埠。廣州、上海等地不能去，那時候那些地方還是禁區，實際上好像也無生意可做。那時候一個人一個月的正常工資，還不夠買一張臺北東京來回的飛機票。

2018.5.2

136. 魚少了

　　臺灣東部，恒春區的東港，是臺灣漁民出海捕捉鮪魚、旗魚、鯖魚以及鬼頭魚的根據地。當漁季來臨，常歡笑雷動，但好景不再，魚獲越來越少。漁會統計，10年前東港漁民一共捕獲一萬一千多隻大小黑鮪魚，到去年2008，只剩二千九百多隻，今年，今天是十一月三十日，尚有一個月，但盛產期已過，天冷浪高，遊魚稀落，估計全年只能到手約二千五百隻。

　　全球氣候反常，臺灣東岸的"黑潮帶"竟漂離臺灣一百海浬，臺灣漁船找不到變幻無常的黑潮位置，更不知魚群聚集處，常在海上空轉四、五小時，一無所獲。如灌滿燃油，走遠一點，則動輒越界，被日本、菲律賓、印尼等國海軍驅趕甚或扣留，徒呼荷荷。

2009.12

137. 海洋委員會

從農業委員會（農業部）分出部份業務，再加上新增的工作，2018 年 4 月 28 日臺灣在高雄市成立了一個新的部會（海洋委員會），新部會也同時附設了（國家海洋研究院）及（海洋保育署）。

在揭牌儀式中蔡英文總統致詞，（我們是海洋國家，海洋就寫在臺灣人的 DNA 裡），海洋委員會成立之後，面臨嚴重的挑戰，（海洋是臺灣最重要的出路）她說。從 2004 年開始，歷經陳水扁、馬英九，費時十多年，於今準備就緒。

包括健全海洋法制、生態保育工作，推動海洋產業，強化海洋科學研究，培育海洋人才。臺灣不僅要跑遍全球抓魚、搶魚，也要寶貝海洋。

2018.5.2

138. 移動的人

　　2008 年年底至 09 年三月，一位歐羅巴人種女性，估計她死於 40 至 45 歲之間，現今已是一具芳齡 3,800 歲的木乃伊，她來到臺灣臺北的歷史博物館作客。她出土的新疆樓蘭，現今喚作羅布泊，她是一具完整的東方木乃伊，衣飾高貴，面貌清秀，高鼻子，深眼眶，尖俏的下巴，再配上長長的睫毛、披肩的直髮，顯見生前她是一位家境富裕的美麗婦女，於是人稱她是（樓蘭美女）。美女並非一個人攜帶隨身小包來到臺灣旅遊，她還帶來一大批珍貴的新疆文物，在臺北市南海路建國中學斜對面的歷史博物館內展出。

　　她生前高約 155.8 公分，但有一雙（奇大）的腳，穿著多次補綴過的皮鞋，她一定會跑路，日行數十公里，習以為常，說不定，駱駝還比不過她，駱駝慢吞吞的，一天也不過走個三、四十公里，再叫牠走遠一點，它會賴臥地上，實質罷工。有些人類更耐跑、耐操。

　　樓蘭美女的活動範圍有多大？或許從甘肅的蘭州、經張掖、敦煌、鄯善、高昌、庫車（即龜茲國，譯佛經為漢語的鳩摩羅什大法師的出生地）、以至喀什，整個現在的新疆天山山脈南北麓的大、小綠洲都是她的活動範圍。說不定，他還有不少親戚散居在現今的中亞五國，乃至阿富汗、伊朗，甚至土耳其，遠至伏爾加河東岸。
或許還可以換一個說法，在 13 世紀初，由蒙古人孛兒只
斤‧鐵木真（成吉思汗）以及他的子孫們，所組織起來
的蒙古人與突厥人的聯合大軍，所至之處，包括伊塞克
湖的碎葉（詩人李白的出生地）、塔什干、撒瑪律汗、布
哈拉、赫拉特、德黑蘭、伊斯法罕、巴格達、巴爾米拉、
大馬士革等地都有可能。或許他們還到過長安、洛陽哪！

　　樓蘭美女有一雙強健的大腳，如請她來參加今日風
行全球各地的馬拉松長途賽跑，她或能輕易獲勝。她足
登一雙經多次綴補的皮鞋，鞋子壞得快呀！現今籃球、
網球職業選手們的運動鞋，一雙鞋能撐二個月就算不錯
了！其實人類比烏魚、鮪魚、鮭魚……，乃至丹頂鶴之
類的候鳥，還有馬、駱駝等會跑會走會飛會遊的動物，
其活動能力更強，活動範圍更大。

2018.5.4

139. 家在哪裡

今年春節前，因 M503 臺灣海峽間民航機航線問題，在臺灣媒體上議論紛紛，許多媒體說，蔡英文害許多台商、台眷、台生過年回不了臺灣的家，語多指責，且頗嚴厲。直至大年除夕了，許多有家人及親戚居留大陸的臺灣人才確知，其實真想回臺灣過年的人都已回到家裡。似乎是有人放了（假消息），也確實困惑了許多人。

（台生）指臺灣學生，此際多指台籍在大陸讀書的學生。台生回臺灣過年？未必！他們回到他們在大陸的（家），與父母一起圍爐吃年夜飯，他們的家可能在深圳、東莞、蘇州或上海，多數在東南沿海台商聚集的城市。我已長居蘇州多年，有二個孫子住在一起，在北京讀書的男孩回蘇州過年，另一個已從北京一所著名大學休學，改到高雄西子灣讀中山大學的女孩子，一等考試考完，迫不及待，買了第一班飛機回到蘇州，她不僅是回家（過年），她是回蘇州過寒假，她主要的朋友，幾乎全是讀中學時的蘇州本地同學。誰分誰是臺灣人、大陸人？誰說臺灣人要回臺灣過年。

我家在哪裡？我在台中出生，一直住到高中畢業，之後在臺北讀大學並工作。我在台中仍有多位姊妹，已過世的先父母的靈骨，安置於台中郊區的靈山寺，那是他們生前指定的地方。我在蘇州擁有一間小書房，自得其樂的看書並寫稿，陋室裡有不少臺灣的各種好茶。寶貝孫子已遠走高飛，跟在我們身邊，亦步亦趨的小狗也已 11 歲。如問我以後想葬身何處？我想了又想，想在臺北金寶山面海的山麓上買幾尺墳地，蓋一個小雨亭，偶而或會有後人來此停留幾分鐘。已有不少親人埋骨此山，此處已故的親人甚多。

2018.5.4

140. 小狗出差

　　我家阿姨開口，趁週六放假，讓她帶我家小狗到她家住倆天。小狗阿花五歲，我們回臺灣，或全家出遠門旅行時，多半寄養在朋友家裡，有一次托交寵物店代養幾天，但沒想到，領回家後牠完全變了個樣子，呆頭呆腦的過了倆天，小花一向健康，活力十足，偶然生病，幾個鐘頭後便會恢復原狀，寄宿寵物店，顯然嚴重傷害了牠！今年春節，我們全家要到宜昌、重慶旅遊三峽，要五、六天，我們出門，阿姨放假，問她能不能一天來一次我家，餵養並帶阿花散步。她說，乾脆讓她帶牠回她住處，她家養過小狗，她丈夫及一兒一女也都喜歡小狗，於是帶走了阿花。我們旅遊回來，阿花熱情輪流撲到我們每個人身上招呼，住在她家，沒什麼適應上的問題。這回阿姨主動要求代養二天。她兒子不肯回家與父母合住，因為她兒子也喜歡阿花，阿姨要以阿花為（誘餌），看看能不能引誘她兒子回家。阿姨的女兒也不願與父母合住，與她堂姊在外頭合租一間套房，不料女兒聞訊，也尾隨弟弟回家，一家人擠住一室。她兒子也抱怨母親燒的菜，其實她到我家工作一段期間後，已學會燒好幾樣好菜，農村來的小夥子，仍習慣團體伙食。想不到我們可愛的阿花小狗，居然要出差、出任務，作親子間的親善大使了。

　　我于 1992 年來蘇州投資，那時候尚無人飼養寵物，路上也不見流浪狗，一位副縣長說，（人都吃不飽了，不准養狗）如今養狗的可多了，而且以竟養（名狗）為榮，有人甚至耗費幾十萬人民幣買條危險的藏獒炫富。我們家的阿花是免費分來的，是條雜交狗，同社區裡的人，尤其是養狗的人，起先有點瞧不起牠，但漸漸看出了牠能跑、能跳，毛髮光潤，且極擅撲咬，就算體型大牠一、二倍的大狗，也領教過阿花的屬害！我們社區裡住著很多日本人，他們對寵物更有經驗，老早就說阿花體態優美，又很聰明，乾淨，是條好狗。阿花可不僅是個寵物，牠還是條十足的看門狗，有牠在家，壞人千萬別躡手躡腳的走近來。

　　臺灣新北市訂下新法規，民眾要飼養犬隻之前，須先上兩個鐘頭的（生命教育課程），叫人先考慮好，不可棄養，不可虐待等等，主意雖好，但有（擾民）之嫌！養狗須具備條件，例如我住的社區有很大的綠地可供遛狗，也緊捱著一處公園，可在放假時帶牠去玩。阿花每天早晨陪我散步，沒牠作陪，我可不願一個人踽踽獨行。我一個孫女兒最近鬧彆扭，獨自關在房間裡生悶氣，我想把阿花送給她，陪她解悶，但孫女兒常皮膚過敏，不宜飼養寵物。就在昨天，我太太突然一陣喀嗽，阿花聞聲快速奔來，撲到她身上，她一蹲下來，阿花立即舔她嘴巴，既安慰她也要醫治她。牠已如我們家人。

2012.2.17

141. 健康檢查

　　掃描了半天，也仔細對照 15 天前超音波診察圖片，李主任說，（沒什麼明顯的變化！）大家都在等她這句話，也都舒了一口氣。今天是臘月二十八，後天便是猴年的除夕，街上的轎車已稀疏了許多，但醫師們依舊忙碌。

　　我擦掉上半身的乳液，一邊朗聲說，我不覺得我快（沒了！），我的工作還沒做完，老天爺許我辦完事後再走！內科主任朱教授知道我在說什麼，影像醫學的李主任和她的助手則不明白我說的話，但顯然對我的話有感覺，等下她自然會問他。每次我來，都由朱教授親自陪著，也站在一邊詳細觀察影像，這個老頭兒是朱教授特別關注的長期病患，但不清楚緣由。

　　朱教授說，她女兒現在美國某某中心做博士後研究，專攻新能源這一塊，目前投身這類學術的優秀年輕人好像不少。在六〇、七〇年代，我說的是民國六十年、七十年的時代，臺灣培養了二、三百位農業方面的博士，植物、動物、水產類的都有。之後多轉向化工、電機、經濟，現在往綠能、DNA 醫學、人工智慧等方面努力。

　　只是科技越進步，用工越少，失業的人越多，而老人又不輕易死亡，怎辦呢。臺灣正為年金、休假、工資等問題吵成一鍋，世代對立、職業對立，還有一般人不敢輕易言說的（階級對位），已鬧得人心惴惴。還有，武器競賽的新聞也讓人思危。不想說，但不得不說，同類的難題大陸也有，真鬧起來，更加棘手難解。

2017.1.25

142. 新 藥

　　陳水扁當臺北市長時，他堅持只在自己的臺北市立醫院看病，不去台大、榮總或長庚等大醫院，市立醫院因而欣欣向榮。馬英九、郝龍斌當市長時，仁愛醫院受冷落，甚至退步。柯文哲當選臺北市長，任命他在台大醫院的有力同僚掌管臺北市立醫院，於是市立醫院又告復蘇，且更旺，近二年還陸續有精銳的台大醫學院及陽明醫學院的老師級醫師及新秀投入，且設備更新，聲譽日隆。

　　2006 年 11 月，我繞個圈，不從香港，而從日本琉球回臺灣，到那霸市旅遊，在參觀琉球王國遺址的市內軌道電車上，一位對面而坐的中年日本人，一直眼睜睜的盯著我看，他還想跟我說話。我知道他在看我，我猜想他是一位醫師，他想提醒我，我（病容）滿面，須急速就診。

　　劉茂和醫師，是我中學同學，著名外科醫師，當過仁愛醫院的醫療副院長，他介紹我找內科廖慧英主任看看，聽她意見，於是幫我當場約診。從 2 樓到頂樓，她還在看病，直到午後一點，才輪到我，她深看了我一眼，怎樣？她說，於是我開始述敘我的就醫紀錄，不疾不徐，整整說了 20 分鐘，她不言不語，雙手在 PC 鍵盤上撥鍵如飛，以（全英文），一字不漏的記下我多年來的發病、就醫紀錄。她再看我一眼，她在做紀錄之同時，已做出她的診斷，簡單明瞭，她叫我立刻開始服用抑制 HBV DNA 的 ENTECAVIR，那一個藥是剛獲美國 FDI 及臺灣衛生署核准使用的新藥。她的果斷，嚇了我一跳！我說先讓我再考慮兩天。第二天我就再度上門了，我請她開始給我那一個藥的處方箋。

我拿到廖主任開的處方箋，按址找到能供應那種特殊藥品的那一間西藥房，那一位老藥師，她有點意見，她建議我先買幾粒吃吃看，別一下子買一大盒，因為那是危險的新的高價藥。我記得，台大醫院的梁嘉德醫師曾說，如我擔心新藥引發危險狀況，可以安排我住進病房後才開始服藥。我記得，住家附近的另一位劉醫師曾對我說，一般的療法，必不能醫好你的慢性疾病，你只能儘量保持現狀，勿使惡化，直到有人發明了新的特效藥為止。

從 2006 年 11 月 14 日起，我每日服用 ENTECAVIR，它使我身心健康，除了旅行，我一周工作七天，只有週六下午不進書房。2018 年我的身體又變差了，原來是 ENTECAVIR 失靈了。蘇州第五市立醫院的朱翔醫師/教授讓我換了抑制 HBV 複製的新藥，此處姑且稱之為（T藥），於是，我又有體力、精力看書並寫些短文了。

2019.7.23

143. 鹽酸莫西沙星

連著兩天，工作逾時，第二天入夜發燒，第三天早晨，燒仍未退，想吐，早餐午餐都沒吃，午後到附近的明基醫院看病。自市立醫院退休的主任醫師，現年七十歲的女醫師測了我體溫，仍在發燒，於是給我退燒用的藥片，一天吃一片，合計九片。她原先說，給你兩天的用藥，後來改說一個星期的量，回家打開一看，一盒裝三片計九天的用量，但（妙）的是，叫我兩天后再到醫院看她一次，請問那你一下子賣我這麼多藥幹嗎？她還另外給我了四盒中藥的口服液，那種草藥液我根本不想喝。

我吃了一片退燒用藥片，燒退了！我一清醒，就想確認我是吃了什麼藥？它叫（鹽酸莫西沙星 MOXIFLOXACIN HCL）片劑。2018 年才核准上市的新藥，說明書內容豐富，字體極小，看不清楚，還好我書房裡有一隻放大鏡，德國制，前一次開共產黨全國黨代表大會時，為江澤民所準備的那一種。

警告！此藥可能致殘，發生肌腱炎和肌腱斷裂、周圍神經病變、影響中樞神經運作，有潛在的不可逆轉的不良反應。呵！她一出手便給了我危險藥物！她只輕描淡寫的問我會不會對藥物過敏，我說不會，就冒然讓我買這種（退燒）藥品。此物一片人民幣 21 元。

　　蘇州明基醫院屬施振榮先生的旗下事業之一，院區一大塊，建築物寬敞明亮，乾淨，比臺灣的大多數醫院好。可是，中國大陸的醫院仍有以（賣藥為主）的習性。明基醫院的台籍醫師越來越少，醫生的收入以賣藥獎金為主。落地日久，在地化便越深，連醫院也是。

2019.7.17

144. 病房記

　　半夜裡住進來一家人，女孩子狀甚痛苦，自言自語（整天昏天暗地的，體溫四十點七度），是一個面貌清秀，弱小，二、三十歲女子，在家人簇擁下，坐著輪椅進入病房。2月10日，春節的大年初四，我們早幾個鐘頭，於傍晚先他們入院。那一天，我們一家正要出國旅遊，初一的夜晚，我妻子修剪腳指甲時，（好像）在左腳的小趾和無名指之間，劃破了一小塊皮膚，出了一點血，第二天，破口處長膿，她先自行處理，塗紫藥水，貼藥用膠帶，再去看了醫生，醫生在傷口塗了消炎藥，帶回口服藥，她婉拒打針。她的腳背腫起來，擴及腳踝處，甚至還在向上伸長。我堅決不讓她帶腳傷出國，她不甘願，女兒也已幫她買好合用的軟拖鞋，我一凶，她急哭了，由大個子的孫子從背後摟住她，趕忙再上醫院，途中她小吐2次。醫生下令立刻住院，留我一人陪她住院。其餘家人都已上了飛機，她很快沉靜下來。醫生說她犯了（丹毒），我沒聽說過有這種病，但奇怪蘇州人好像都知道。

　　逐漸弄清楚，隔鄰病床的那一位少婦，27歲，剛生下她的男嬰，產後第19天，因乳腺炎入院，乳腺炎？脹奶疼痛，一脹奶，體溫立刻飆升。她母親用小毛巾浸熱水，熱敷，替她擠奶。她丈夫自然而然，用嘴吮吸。他已 37 歲，娃娃臉，一對夫婦像一對學生情侶。倆個人悄悄講話，就在隔床，但聲音極小，我聽不清楚他們在講什麼，就像饑餓的蠶寶寶爬過桑葉，齧咬，只聽沙沙聲響，不成文章。他是河南人，不諳蘇州話，夫妻以普通話交談，互相交心。住了兩夜，她出院了，包裹嚴密，只留著兩隻眼睛看路。像一個動畫中的人物。

換了一家人，患者更年輕，應是上大學的年齡，但在（中國移動）上班。爸爸甘肅人，長得俊挺，他顯然十分寵愛他女兒，母親南京人，正典美人，但母女間似無話可談。第二天，她的男朋友來了，她父母冷眼看他，好像不喜歡他，他不以為意，他在床邊細心呵護著她，倆人也細語連綿，他們或能相愛相扶一輩子。她來割除發炎中的尾闌。她選擇只割三個小洞的新式手術，由臺灣來的謝院長（明基醫院）操刀。

2016.3.3

145. 眼科醫師

　　自幼眼睛不好，讀小學時，半夜躲在蚊帳裡，在一
盞昏黃的小燈下看《一千零一夜》。一次在西子灣沙灘
上，一次在台中谷關的山澗水深處，我兩次流失了眼鏡。
現在，在臺北在蘇州，在臥室裡或在書桌上到處是眼鏡，
但就沒一支是戴起來舒適合用的。看眼科醫生的次數可
多了。台大醫院有一位大名鼎鼎的眼科教授醫師還是我
親戚哪，三十年前找過她一次，蠻（踐的），再不敢領教。
去年，我又試了一次台大，別的主治醫師都掛不進去，
只掛到一位年輕的女醫師，她長得很漂亮，但待人冷冷
的，做完整套檢查，只說，（白內障不像發炎的盲腸，非
割不可！），半年後再找她，但她的名字已從門診主治醫
生名單中消失，眼科醫師其實是外科醫師，須為她的病
患摘除白內障、置換人工水晶體，還要做青光眼、視網
膜剝離等眼球的精細手術，必須動刀，門診醫師必須親
自動手，她要是不敢、不願意，很快會被淘汰，她只能
另找一家民營診所，當一個只給病患眼藥水的眼科醫
師，就算當初診醫師吧。

　　當醫師，無論什麼科，幾乎都須動刀或其他器械做
手術。那麼，外科醫師呢？台大的一般外科醫師須開膛
剖肚做大手術，甚至置換心臟、肝臟、腎臟等器官。可

別以為臺灣的內科醫生只會（望聞問切）。蘇州的內科醫生們則不動刀，他們未獲這類的訓練。

2019.7.22

146. 年輕的醫師

　　郭醫師診室裡有二隻嶄新大型儀器，他親自操作。我是個老人，且戴著一副厚眼鏡，他格外小心，看了又看，還好沒青光眼，也沒別的特別的病變，白內障不小，且枯乾，早該摘除，最好也得一併置換新的人工晶體。我不想用免費的健保水晶體，寧選自費的高價水晶體，他說明，新的也有新的缺點。

　　要安排手術時間了，我本想問這一位只有 30 歲左右的年輕醫師，他迄今做過幾次類似的手術。但一看他拿出一冊厚厚的手術紀錄冊，就知道不必問了。一旦成為主治醫師，立時便須操刀動手術，才半年吧，少說也有 200 次經驗了。他要在 2 個月後才有空幫我做手術，但他看我客氣，也願意特別照顧。20 天後先割右眼，間隔 20 多天後再割左眼，我的左眼不如右眼，本希望先做較差的左眼，有了萬一，還保有一隻較好的右眼。我還在自己開車，偶爾開個 50 公里，到無錫機場接送親友，平常只在住家與公司間來回，一趟 3.55 公里，在平坦的蘇州馬路上開車，看不同季節所佈置的鮮花，心情歡悅。

　　我妻子眼睛也有點問題，當然也找郭柏邑醫師治療。在一個多月期間，動刀、換藥、術後檢查，我來到仁愛醫院的眼科診間多達 10 次，每次都被那裡的溫馨氣息感覺舒暢。年輕的技師、護理師，從容不迫的穿梭其間，令人心安的年輕醫師坐鎮在後。有不少同學、親友看我戴著防護墨鏡，問清楚後，都說也要請郭醫師治病。

2019.7.24

147. 茶也是一種藥

　　找張醫師看病。我與他年齡相若，他早已滿65歲退休，但仍在醫院裡看診，只留幾百個老病人，預約定時回診，檢視有無變化。他已無體力收下新的病人，要照CT，又要驗血，這裡敲敲，那邊碰碰，叫我走路給他看，問我曾否中風，患有什麼慢性疾病。還叫我（跳跳）給他看，天哪！我連走路都晃來晃去的，怎麼跳！我是特別（加掛）來的病人，他雖累，勉為其難！我最近左下肢常會抖動，他是神經內科名醫，他開給我一種白色藥丸，一天一粒，睡前吞服，藥袋中寫著患的病叫（腿不寧）症，我第一次聽到。

　　第一天吃藥，一覺睡到天明。第二天，已不再睡得那麼深沉，而且四肢無力，全身肌肉都鬆散了，走路更糟，顯然它是一種作用於神經的高風險藥物，我立即停用，不吃了！張醫師在多天後，叫我改吃（半粒）看看，我恢復一天吃半粒，服用近10天，我看左腳情況改善，就再也不吃那一個藥！那種藥，就算你拿著醫生的處方箋，也未必能在坊間藥房裡買得到。折騰了半天，醫院讓我帶100粒藥丸回蘇州，備而不用，求個安心。

　　張主任很累，他撐著。我從口袋裡拿出一小罐（福壽）茶給他，他問這是（啥）？拿起看了瞄了瞄，說聲

謝謝，放在他桌上。我一拿出來，他就看到了，拿起了
瞄一下，只是確認它就是它！他開心起來，（茶也是一種
藥），而他正急需那一種藥。第二次複診，我再送他另一
種（福壽）茶，還有一本《長住蘇州三十年》，他翻閱序
文，查看（目次），他打開話閘，要問我若干大陸事情，
忘了他是在看診。在一旁跟診的護理師緊張起來，一個
病人只能分得三、四分鐘時間，看張醫師有跟我聊起來
的樣子，她趕緊示警喊停。

2019.12.15

148. 臺灣的醫療保健

　　據全球資料庫網站 NUMBEO 資訊，臺灣醫療保健指數（HEALTH CARE INDEX）2020 年排行榜，臺灣蟬聯冠軍，南韓第 2、日本第 3、丹麥第 4、法國第 5、西班牙第 6、奧地利第 7、泰國第 8、澳洲第 9、芬蘭第 10、……英國第 13、紐西蘭第 16、加拿大第 24、美國第 30。中國大陸 2019 年排名第 16，剛出爐的 2020 年排行榜則掉落至第 47 名。

　　臺灣的醫療體系、醫療專業人員、設備、醫師、價格等一向備受國際讚譽，多年辛苦建立的聲譽，便表現在這次新型冠狀肺炎（COVID-19、武漢肺炎）的防疫工作中。之前臺灣對非洲豬瘟的截堵表現，也令人印象深刻。

　　臺灣的全民健保制度早在上個世紀末，李登輝、連戰執政時便已建立，如現在才要開始實施，可謂千難萬難！中國大陸這次在防疫的表現上，瑕不掩瑜，努力的成果也讓人佩服，經此一（疫），醫療人員水準及整體醫療制度，必會有長足的進步。如果少製造些飛機、戰艦，多用些經費在衛生健康方面，那才是真正的大國崛起。

2020.2

149. 臺灣的防疫

上文提到依據 NUMBEO 資訊，臺灣、南韓、日本居 2020 年世界醫療保健指數是最佳的第一至第三名，真的還是假的？現在驗證來了。據 WHO 公佈的數字，迄 2020 年 3 月 17 日止罹患（2019 新型冠狀病毒肺炎）的人數，臺灣（確診 77 例、1 死、22 痊癒），本以為以臺灣與大陸間的頻密往來，臺灣會是重災區，那曉得竟然是一個奇跡式的安全區，世人可以相信，臺灣絕對沒有隱瞞災情，南韓、日本也不會。臺灣的（防疫），南韓的（篩選）、日本的（治療）能力，世人有目共睹。韓國的（天地會），教徒的群聚感染極劇！日本受害於（鑽石公主）號郵輪，也狼狽萬分。韓國的（致死率）只有 0.9%、日本則是 2%，表明這兩國的醫療水準甚高！臺灣 77 例確診，1 人死亡，22 人治癒，死亡率是 1.3%，但因臺灣的母數太少，不足為據，臺灣的表現是在（防疫）這方面。臺灣長期被鄰居（文攻武嚇），不論一般民眾與政府的防衛意識都極強烈，自衛能力也強。

3 月 17 日有一團臺灣的土耳其旅遊團返台，15 個團員，居然有 9 人染病，使臺灣的確診人數一下子爆增 10 個，朝野震動！大怒！於是防治總指揮官衛生福部陳時中部長宣佈，自 3 月 19 日淩時開始，（外國人）一律不准入境，臺灣人不論來自地球上的任一角落，一律強制或居家隔離 14 天。臺灣視防疫如作戰！順帶一筆，這段期間大陸軍機頻頻到臺灣近邊作（例行訓練），臺灣人視為干擾或威脅，也極力防備中。

2020.3.18

150. 疫情防治指揮官

　　冠狀肺炎在全球兇險流行，迄 2020 年 3 月 23 日截止，官方統計，已有 33 萬 9182 例確診，1 萬 4703 人病歿。除少數國家未揭露可靠資訊外，世界各國都已發生疫情。臺灣在 10 天前，僅有約 50 例確診，1 人死亡，可算全球防堵疫病最成功的地方之一，但 10 天來，因歐美地區疫情猖獗起來，散佈各國的臺灣遊客、留學生等人急忙逃難回國，竟使臺灣確診人數驟然增加到 195 例，病逝 2 人。

　　今年初，在確認新型冠狀病毒肺炎發生後，臺灣立即成立疫病防治中心，指派衛生福利部陳時中部長為指揮官，總管一切疫病相關事宜。他每天舉行記者會，巨細靡遺的向全國同胞報告相關一切資訊，也耐心的回答記者群的各種提問。他日夜工作，明顯勞累過度，但依然和顏悅色。不久他就贏得全體國民和層峰的信任，連一向苛刻問政的在野立法委員們也稱讚他。當然，也不是人人都喜歡他，臺北市長柯 P 就說，陳時中是（順時鐘），此際牽涉疫情的事情，不可（逆時鐘）而行！也不止柯文哲一個人，內心裡對（阿中）指揮官有所不滿的人也還有別的人。

　　舉行記者會時，常有五、六位，甚至更多的官員在場，疫情指揮中心專家諮詢小組召集人，台大醫師張上淳一向坐在他的右側，此外，有時是教育部長、有時是大陸委員會陳明通主委，還有（順時鐘）部長的轄下的重要各局處長等，盼能當場充份解釋各項疑問。陳時中的名聲還傳到國外，泰國一重要媒體還專訪他，稱讚（阿中）。

2020.3.24

151. 名門之後

　　陳時中指揮官是臺北醫學大學畢業的一位牙醫而已，突然嘣出來！嚇人一跳，怎麼來的？隔了好久，才知道他是前臺大法律系陳棋炎教授的兒子。

　　1945 年二戰結束，日本投降。當時在日本讀政法科系的優秀臺灣青年如李登輝、彭明敏、戴炎輝（曾任司法院長）、劉慶瑞（他寫的一本憲法學教科書，深入淺出，份量十足，竟然流傳了 50 年之久）、寫出有如（天書）的《法理學》的蔡章麟，還有教民法親屬篇的陳棋炎教授等人，他們放棄了即將完成的東京大學、京都大學等名校學位，提前回到臺灣，之後就在台大從助教、講師到教授，構成當時台大法學院的骨幹教師群。那些人以及成千上萬的學生們，五十年來構建了現代化的民主自由臺灣，居功甚偉。陳時中的兒子是設計師，他設計的黑色（洗手）漂亮 T 領，在高雄的罷免韓國瑜市長活動群眾中流行，有人為此事責問陳時中，他僅回，（孩子有他自己的事），簡單明瞭。

2020.3.24

152. 醫生世家

　　台大醫生張上淳是疫情專業諮詢組的召集人，在記者會中他一直安坐指揮官陳時中右手的座椅上，他自己只說他是醫生，其實他貴為台大醫學院院長。就在此期間，或許是任期屆滿，他已交卸醫學院院長的職務，升為臺灣大學副校長，幾年後，他可能成為第三位由台大醫生出任的台大校長。他長得很端正，又一臉書卷氣，是一位中年美男子。

　　台大醫學院醫學系畢業的時候，張上淳只得到第二名，他的夫人胡芳容眼科權威醫師才是第一名，她 28 歲時就升任台大醫學院講師，是當時的新紀錄。胡醫師的爸爸也是眼科醫師，曾任省政府衛生處處長，胡處長的夫人的爸爸詹老醫師是臺灣第一批正規西醫。大家都說已故的杜聰明先生是臺灣人第一位醫學博士（京都大學）。日本人治理臺灣後所設立的醫學養成學校的第一屆第一名畢業生，但我的二姊夫詹宇雄說，其實他爸爸才是第一名，正要到東京大學醫學院繼續讀書的時候，不幸患了皮膚病，不能去，所以改由杜聰明先生取代。第二代詹醫師，也就是詹宇雄的哥哥，曾當過臺北醫學大學的代理校長，校長罹患鼻咽喉癌病時，日本這方面的權威醫生還攜帶新進醫療設備跑來臺北，盼搶救他，但沒成功。

　　第一代詹老先生的夫人在過世前，在台中縣新社鄉老家養老，由我二姊照顧她。老醫師生前留下一筆現金遺產給她，供她養老之用。她找來一個大酒甕，塞滿台幣，埋入後院樹林裡的泥土中。多年之後，她突然想起她有一甕子的錢財埋在後院，結果，她挖出一堆廢紙，蔣介石將金圓券改成台幣，不久再改成新臺幣，4 萬元舊台幣兌換 1 元新臺幣，有如老蔣沒收了她的錢！沒關係，老夫人子女成材，不需要她老公替她準備的銀錢。

　　張上淳的二個兒子也是台大醫生，防疫緊張時刻，陳時中不准臺灣醫護人員出國，但仍有 16 位台大醫生出國，其中一位，就是張上淳的麼子，那一位自幼生長在尊貴（醫生世家）的公子哥兒被人指責時，還振振有辭，說是老早就已排定的輪休，他出國時也提出申請，不是偷跑。醫生也需要休息，他到美國滑雪、看職業球賽，為什麼不行！他在臉書上粗野回罵罵他的人，不過，原文 10 分鐘後就撤下，重新貼文，他鄭重其事的道歉，盼大家原諒他一時的情緒性發言。張上淳因此事不好意思再上電視。我猜想胡醫師聽到消息後，會不高興！臺灣有不少（醫生世家），他們這一支（詹、胡、張）合組的世家，必然是其中最尊貴的一支，是由幾十位醫師組成。

　　有些人，包括那一位聰明絕頂的年輕台大張醫師，說限制他們出國，是違反了《憲法》所保障的遷徙自由。請問，你出國要不要先領一本臺灣護照，在特殊情況下，有人被限制，領不到護照；要不要得到美國的入境簽證，審查通過，就算你拿到了，臨入境時，還可能被攔阻，發簽證的是一個單位，真正把守國門的是（國土安全局），另一個單位。你買好機票，辦好出境手續，要登機時，如你喝酒喝醉，如你發高燒、咳嗽，你雖有登記證，但可能不讓你登機。憲法所保障的居住遷徙的（自由），處處依法律受到限制，不是你所想的自由放任，年少氣盛的醫師也得瞭解。

2020.3.24

日久他鄉叫故鄉（跋一）

　　在高雄讀中山大學海洋系的孫女兒，昨天跟著她回臺灣辦事的母親，還有她喚作叔叔的江蘇籍繼父，3 個人一起回到蘇州來啦。在北京讀中央財經大學的孫子，早一個星期就已回到蘇州的家，他隨我到機場去接機，幸好有他同去，一路導引，我們才能及時趕到機場。我開車去過無錫機場（即蘇南碩放機場）少說也有 20 遍，但老是迷路，因為在那一帶，一直都有新闢的馬路。蘇州市的經建工程日新月異，勢必成為一座現代大城市。但我也要告訴我的讀者，臺灣並沒有如部份中國媒體所說的（臺灣走衰）。

　　回程 5 個人同坐一車，由我的江蘇籍的女婿開車，回到我們在蘇州新區獅山路的住家。一車 5 個人都有汽車駕駛執照，連那倆個仍在讀書的孫兒、孫女都有，而且各擁 2 張，由臺北及蘇州分別發給的執照。臺灣人如已擁有臺灣的駕照，在蘇州只須筆試交通規則，而且隨到隨考。我的中國駕照在上個世紀就有了，我是最早期的蘇州台商之一。

　　我們一家人在臺北蘇州間來來去去，（去）蘇州，（回）臺北，或者（去）臺北，（回）蘇州，去、歸去、來、回來，這幾個字常混淆不清。我讀台中一中初一時，國文課本裡有那一位（不為五斗米折腰，田園將蕪胡不歸）的陶淵明那篇《歸去來辭》，是（去）還是（來）？我舉手問教我們國文的楊錦銓老師，楊老師看了我一眼，以贊許的眼光，用臺灣話，只以3個字（來去哦！）回答我的疑問，原來楊老師是福建人。

　　去年11月我在臺北以繁體字印行我的第一本書《長住蘇州三十年》，是正規出版，你能在臺灣的中央圖書館找到那一本書。印的冊數不多，先用來分贈親友，聽別人意見。迴響不錯，最大的反應來自一位蘇州大學的在校女生，她原讀財經系，自行轉讀大眾傳播科系，正在准備考研究所，她曾在臺北的金華國中讀過一學期的書，她是我孫兒群中最愛讀書的一位。她告訴她母親，她說她喜歡（作文），原來是繼承了她祖父的文學愛好。這一個聰明但很有（個性）的孫女兒，因為閱讀那一本《長住蘇州三十年》，歡喜不已，她的臺胞證早已過期，但保有中國戶籍，依法律觀點，她是大陸人，她妹妹則持有有效的臺胞證，算臺灣人。一家人分別在法律上歸屬中國或臺灣，何稀奇之有。

　　12月耶誕節期間，在臺北有一場有60人參加的家族聚會，我身為家長，卻缺席了！那一個聚會，一向辦得秩序井然。有高成就的人士與會，光是MIT（美國麻省理工學院）出身的校友就有5位之多。我選擇參加在蘇州舉辦的公司同事及其眷屬的年末餐會，因為更為溫馨。其實我可以2處都參加，但因年老，不耐奔波，只願參加其中的一個。臺北、蘇州我各有一個住家，到底哪一個對我更重要？說不清楚。

　　1 月 11 日臺灣舉行了一場全球關注的大選，蔡英文大勝，可再任 4 年，本土的民進黨也繼續在立法院單獨擁有過半的席位，可完全執政。臺灣於去年 12 月 31 日通過的《反滲透法》於今年 1 月 15 日付諸實施。我繼續在臺北蘇州間往來生活，因為我不意圖顛覆臺灣政府，那一個法案與我無關。我說日久他鄉叫故鄉，或許我冬天住臺北，夏天住蘇州，兩地都是我的家。

讀者回響（跋二）

　　我不知道她的名字，只知道她姓王，當時她正在閱讀蘇州圖書館借來的某家文學作品，我隨手送她一本《長住蘇州三十年》。她在新型冠狀病毒肆虐的長長休假期間，細讀我寫的短文，她說，（……輕鬆詼諧中不失理趣，畫面感極強，常常放下書，玩味不盡……），感謝她的褒語。

　　多年前，在一次同學聚餐時，一位初中同學告訴我一件舊事，他曾央我幫他畫一張畫。我信手拈來，在他的空白畫紙上塗鴉，只剩十分鐘就要交卷，不快也不行，他在旁邊看著，起先以為我是在戲弄他，畫完後，他看看好像也有一點道理，就簽上他的名字交卷了。不料那張考了個全班第一高分。我寫文章，常先有個畫面，然後描寫那幅畫，說我的短文（畫面感極強），她是一位識貨的知音。

　　我編書，重審幾年前寫下的文稿，有些文章原來頗有臨場感，甚至耳邊響起戰鼓聲，人群吶喊聲，心跳也快起來。但我動手修改，讓文章中性些，溫和些，不想跟著竟喪失了原先的自然生動以及原始的暴衝。只能二選一嗎？我再努力看看。

2020.3.25